SUPPLÉMENT

A LA DEUXIÈME ÉDITION

DES ÉLÉMENTS DE DROIT PUBLIC ET ADMINISTRATIF.

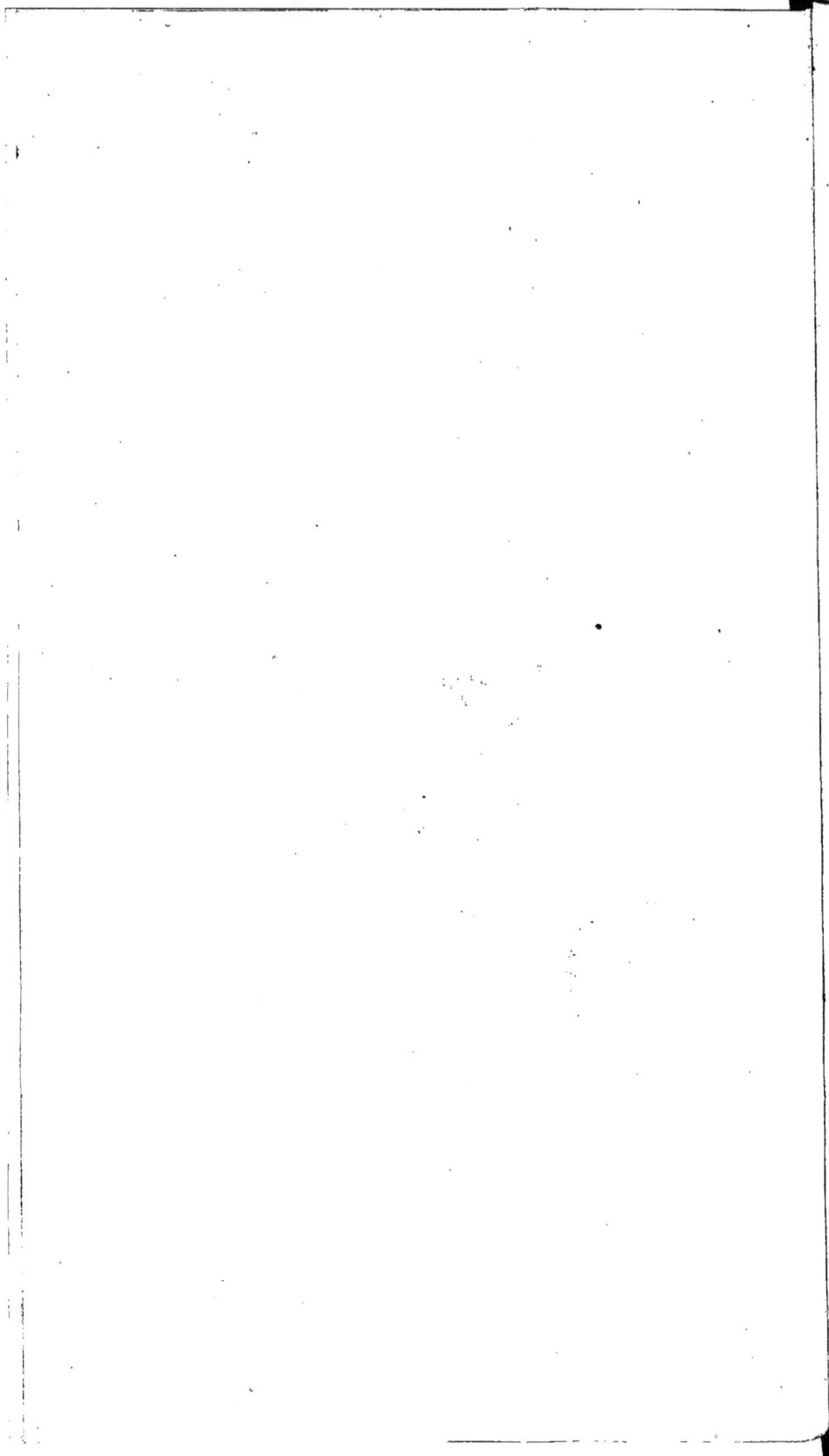

SUPPLÉMENT

A LA DEUXIÈME ÉDITION

DES ÉLÉMENTS

DE DROIT PUBLIC

ET ADMINISTRATIF.

Par E.-V. Foucart,

Professeur de droit administratif, doyen de la Faculté de Droit de Poitiers.

PARIS,

CHEZ VIDECOQ, LIBRAIRE ÉDITEUR,

PLACE DU PANTHÉON, 3 ET 4.

1841.

Depuis la publication de la 2e édition des *Eléments* (1839), plusieurs lois et ordonnances ont été rendues sur les matières qui y sont traitées, notamment ***sur le travail des enfants dans les manufactures, sur l'expropriation pour cause d'utilité publique, sur l'organisation du Conseil d'état***, etc., etc. Nous avons cru devoir indiquer ces différentes innovations dans un supplément que l'on devra cousulter avant de lire l'ouvrage. Nous y avons joint, suivant notre usage, le texte même des lois et ordonnances les plus importantes.

SUPPLÉMENT

A LA DEUXIÈME ÉDITION

DES ÉLÉMENTS DE DROIT PUBLIC ET ADMINISTRATIF.

(NOVEMBRE 1841.)

TOME PREMIER.

Pag. 111 et suivantes.

Une ordonnance du 18 sept. 1839 a réorganisé le conseil d'État, dont le service intérieur a été réglé par une autre ordonnance des 19 juin-1er juillet 1840. Nous donnons l'analyse de la première de ces ordonnances ci-après, p. 39.

Pag. 335, n° 295.

V. la loi du 30 juin-8 juillet 1840, portant prorogation du privilége de la banque de France.

Pag. 340, après le n° 301, ajouter à ce chapitre un troisième paragraphe ainsi conçu :

TRAVAIL DES ENFANTS EMPLOYÉS DANS LES MANUFACTURES, USINES OU ATELIERS. (L. DU 22 MARS 1841.) *Voir le texte, p.* 56.

SOMMAIRE.

— *Motifs de la loi.—Établissements auxquels la loi est applicable.—Nature et durée du travail par rapport à l'âge des enfants. — Jours de repos.—Instruction des enfants. — Livret délivré par le maire. — Matières qui peuvent être réglementées par l'administration.—Surveillance et poursuite des contraventions.*

Les progrès de l'industrie, les nécessités de la concurrence qui oblige à produire à bon marché, le perfectionnement des machines qui suppléent à la force de l'homme, ont donné de l'importance au travail des enfants. Mais la cupidité, exploitant cette source de fortune, a produit des abus qui révoltent l'humanité. De très-jeunes enfants étaient enfermés des quatorze, seize, quelquefois dix-sept heures par jour dans des locaux malsains, continuellement occupés à un travail qui, étant toujours le même, exigeait que leur corps restât pendant tout ce temps dans la même position. De là résultaient pour leur santé les conséquences les plus déplorables : un développement incomplet, des maladies précoces, une constitution ruinée. D'un autre côté, ces enfants, privés de toute éducation religieuse, soumis trop souvent dès leurs premières années à l'influence des mauvais discours et des mauvais exemples, grandissaient dans une immoralité révoltante.

— Il était urgent de porter remède à de si grands maux, et de faire intervenir la loi civile là où la loi naturelle était devenue insuffisante. Le législateur se trouvait en présence de la liberté d'industrie et de la puissance paternelle, bien respectables sans doute l'une et l'autre, mais soumises toutes deux dans leur exercice à l'action de la loi qui doit en réprimer les abus. Il a procédé avec une prudence extrême, posant les principes généraux, et laissant au pouvoir exécutif le soin d'en étendre l'application suivant que l'expérience lui en signalerait la nécessité.

— La loi du 22 mars 1841 ne pénètre pas dans l'intérieur de la famille proprement dite ; elle ne s'applique qu'aux établissements dans lesquels sont employés un assez grand nombre d'enfants pour qu'une surveillance puisse y être utilement exercée. Ces établissements sont les manufactures, usines et ateliers à moteur mécanique ou à feu continu et leurs dépendances, et les fabriques occupant plus de 20 ouvriers *réunis en atelier*. Cependant la loi pourrait être étendue par un règlement d'administration publique à d'autres manufactures, usines et ateliers, si l'expérience démontrait l'utilité et la possibilité de cette extension (art. 1 et 7, § 1).

Il n'est pas question des *mines* dans la loi; c'est que le décret du 3 janvier 1813, relatif à la police des mines, défend, dans son article 29, d'y faire descendre ou travailler les enfants au dessous de 10 ans, et que le décret du 21 avril 1813 en soumet l'exploitation à la surveillance de l'autorité, qui peut prescrire les mesures qu'elle juge convenable de prendre.

— Après de longues discussions, le minimum de l'âge que doivent avoir les enfants pour être admis dans les manufactures a été fixé à *huit ans* accomplis (1), et le maximum du temps du travail effectif qui peut leur être imposé jusqu'à ce qu'ils aient atteint l'âge de 12 ans est de 8 heures sur 24, divisées par un repos; de 12 à 16 ans, ce temps peut être porté à 12 heures sur 24, aussi divisées par des repos. Pour les uns et pour les autres, le travail de nuit est prohibé; et l'on entend par *travail de nuit* celui qui aurait lieu après neuf heures du soir, et avant cinq heures du matin. Cependant les enfants au dessus de treize ans peuvent être employés au travail de nuit exceptionnellement, lorsque le chômage d'un moteur hydraulique ou des réparations urgentes, faites aux machines, ont empêché une partie du travail de la journée, ou bien encore lorsque ce travail est reconnu

(1) L'âge est constaté par un certificat délivré sur papier non timbré et sans frais, par l'officier de l'état civil (art. 2).

indispensable dans les établissements à feu continu, dont la marche ne peut pas être suspendue pendant le cours de 24 heures. Mais, dans l'un comme dans l'autre cas, c'est un déplacement et non une augmentation du temps du travail, qui ne peut jamais excéder le maximum fixé par la loi, avec cette condition toute favorable, que deux heures de travail de nuit compteront pour trois (art. 2 et 3). Les cas de travail de nuit peuvent être l'objet d'un règlement d'administration publique (art. 7, n° 6).

Les règles que nous venons d'exposer sont susceptibles d'être modifiées dans un sens favorable aux enfants à l'égard des industries où le labeur excéderait leurs forces et compromettrait leur santé. Dans ce cas, un règlement d'administration publique peut élever le minimum de l'âge et réduire la durée du travail (7, § 2); il peut aussi défendre d'employer des enfants au dessous de 16 ans dans des fabriques qui présenteraient des dangers ou de l'insalubrité, et interdire, dans celles où ils sont admis, certains genres de travaux dangereux ou nuisibles (7, n°s 3 et 4).

— Il ne suffisait pas de limiter le travail journalier des enfants au dessous de 16 ans, il fallait encore leur assurer un jour de repos par semaine; ce jour est le dimanche, déjà proclamé comme tel par la loi civile et par la loi religieuse (4). Il faut y ajouter les jours de fête reconnus par la loi. Des exceptions, cependant, peuvent être autorisées par un règlement d'administration publique dans les usines à feu continu (7, n° 3).

— La loi a voulu aussi s'occuper de l'instruction des enfants si souvent négligée : ceux qui ont moins de 12 ans ne peuvent être admis dans les ateliers qu'autant que leurs parents ou tuteurs justifient qu'ils fréquentent actuellement une des écoles publiques ou privées existant dans la localité. Les enfants au dessus de cet âge sont dispensés de suivre une école, lorsqu'un certificat donné par le maire de leur résidence atteste qu'ils ont reçu l'instruction primaire élémentaire (5).

—Afin d'assurer l'exécution des différentes prescriptions de la loi, les maires sont tenus de délivrer au père, à la mère ou au tuteur, un livret sur lequel sont portés l'âge, le nom, les prénoms, le lieu de naissance et le domicile de l'enfant, et le temps pendant lequel il aurait suivi l'enseignement primaire.

Les chefs d'établissement mentionnent, sur les livrets de chaque enfant, la date de son entrée dans l'établissement et de sa sortie, et il transcrit, sur un registre spécial, toutes les indications du livret (6).

— La loi réserve au pouvoir exécutif, dans différents cas que nous avons indiqués, *la faculté* de modifier ses dispositions d'une manière favorable aux enfants (art. 7) : elle veut que, par des règlements d'administration publique, il pourvoie aux mesures nécessaires à son exécution, ainsi qu'au maintien des bonnes mœurs et de la décence publique dans les ateliers, usines et manufactures, à l'instruction primaire et à l'enseignement religieux des enfants, aux conditions de sûreté et de salubrité nécessaires à leur vie et à leur santé; qu'il empêche tout mauvais traitement et tout châtiment abusif (9). Les règlements d'administration publique (qui ne sont pas encore faits au moment où nous écrivons, en 1841) formeront une sorte de législation secondaire qui devra être affichée dans chaque atelier avec la loi et les règlements intérieurs que les chefs d'établissement seront tenus de faire pour assurer leur exécution (9).

—Enfin, le gouvernement devra établir des inspecteurs pour surveiller et assurer l'exécution de la loi. Les inspecteurs, qui pourront se faire accompagner d'un médecin, commis par le préfet ou le sous-préfet, auront le droit de se faire représenter les registres relatifs à l'exécution de la loi, les règlements intérieurs, les livrets des enfants et les enfants eux-mêmes. En cas de contravention, ils dresseront des procès-verbaux qui feront foi jusqu'à preuve contraire (11). Les contraventions à la loi et aux règlements rendus pour son exécution donnent lieu contre les propriétaires ou exploitants qui s'en sont rendus coupables, à une amende qui est prononcée par le juge de paix dans les cas ordinaires, et par le tribunal de police correctionnelle en cas de récidive dans les 12 mois d'une première condamnation.

Pag. 310, substituer au n° 327 le n° suivant :

La loi du 4 juillet 1837 a mis un terme à toutes les concessions et prescrit l'application rigoureuse et générale du système métrique décimal, établi par les lois des 18 germinal an III et 19 frimaire an VIII, à partir du 1er janvier 1840. Ainsi, aujourd'hui, l'usage et même la simple possession des poids et mesures autres que les poids et mesures légaux dans les magasins, boutiques, ateliers ou maisons de commerce, ou dans les halles, foires ou marchés, sont punis de la peine portée par l'art. 479 du Code pénal. Les dénominations des poids et mesures non autorisés par la loi sont interdites dans les actes publics, les affiches, les annonces, les actes sous seing privé, les registres de commerce et toutes les écritures privées produites en justice. Les officiers publics contrevenants sont punis d'une amende de 20 francs qui est recouvrée sur contrainte, comme en matière d'enregistrement ; les autres contrevenants sont punis d'une amende de 10 francs pour chaque acte ou écriture sous signature privée. Ces registres, toutefois, quel que soit le nombre des contraventions qu'ils contiennent, ne donnent lieu qu'à une seule amende dans chaque contestation où ils sont produits. Les juges et arbitres ne doivent rendre aucune décison sur des actes qui contiennent cette contravention avant que l'amende n'ait été payée. (L. du 4 juillet 1837, art. 1, 2, 3, 4, 5, 6.)

Pag. 372, n° 328, à la ligne 24, mot *des vérificateurs*, etc., substituer :

Des vérificateurs nommés par le ministre du commerce sont chargés d'opérer la vérification de tous les instruments de pesage et de mesurage ; les vérificateurs prêtent serment devant le tribunal civil, ils constatent les contraventions prévues par les lois et règlements concernant le système métrique des poids et mesures, ils procèdent à la saisie des instruments dont l'usage est interdit par la loi ; leurs procès-verbaux font foi en justice jusqu'à preuve contraire (l. 4 juillet 1837, art. 7; ord. 17 avril 1839, art. 1 à 9, 34 à 45).

La forme des poids et mesures servant à peser ou à mesurer les matières de commerce, ainsi que les substances avec lesquelles ces poids et mesures sont fabriqués, sont déterminées par une ordonnance du 16 juin 1839. Les poids et mesures nouvellement fabriqués ou rajustés sont présentés au bureau du vérificateur, vérifiés ou poinçonnés avant d'être livrés au commerce; indépendamment de cette vérification primitive, les poids et mesures subissent une vérification périodique, dont le but est de savoir si leur conformité avec les étalons n'a pas été altérée. Cette vérification a lieu tous les ans dans les chefs-lieux d'arrondissement et dans les communes considérables; et tous les deux ans dans les autres, d'après la détermination faite par le préfet. Le tableau des personnes qui y sont assujéties est donné dans chaque département par le préfet; il indique l'assortiment de poids et de mesures dont chaque profession est tenue de se pourvoir. Les poids et mesures de tous les établissements publics sont soumis à la vérification périodique (ord. 17 avril 1839, art. 10 à 27).

Pag. 373, n° 329, ligne 8 jusqu'à la fin du numéro, substituer :

Aux termes de l'art. 20 de l'ord. du 17 août 1839, la vérification périodique peut être faite au siége des mairies, dans les localités où, conformément aux usages du commerce, et sur la proposition des préfets, le ministre du commerce jugerait cette opération d'une plus facile exécution; sans toutefois que cette mesure puisse être obligatoire pour les assujétis, et sauf le droit d'exercice à domicile.

Les vérificateurs peuvent toujours faire, soit d'office, soit sur la réquisition du maire ou du procureur du roi, soit sur l'ordre du préfet et des sous-préfets, des visites extraordinaires et inopinées chez les assujétis (ord. 17 avril 1839, art. 20).

Le vérificateur vérifie et poinçonne les poids, mesures et instruments qui lui sont exhibés, tant ceux qui composent l'assortiment obligatoire au *minimum*, que ceux que le commerçant possède de surplus. Il fait note du tout sur un registre portatif qu'il fait émarger par l'assujéti, et si celui-ci ne veut ou ne sait signer, il le constate. Les visites ne peuvent avoir lieu que pendant le jour, à moins que les lieux de vente ne restent ouverts au public pendant la nuit. Dans ce dernier cas, comme dans les cas de refus d'exercice, le vérificateur ne peut s'introduire dans les maisons, bâtiments ou magasins, qu'en présence, soit du juge de paix ou de son suppléant, soit du maire, de l'adjoint ou du commissaire de police (ord. du 17 avril 1839, art. 19-26-39).

L'époque à laquelle la vérification de l'année commence, et celle à laquelle elle finit, sont déterminées par les préfets à l'expiration du délai fixé, et après que la vérification a eu lieu dans la commune. Il est interdit aux commerçants, entrepreneurs et industriels, d'employer et de garder en leur possession des poids, mesures et instruments de pesage qui n'auraient point été assujétis à la vérification périodique et au poinçon de l'année (ord. 17 avril 1839, art. 27).

Les vérificateurs ne peuvent recevoir aucun salaire de la part des personnes chez lesquelles ils opèrent. La première vérification, pour les poids et mesures neufs, et pour ceux rajustés, a lieu gratuitement. Les vérifications périodiques donnent lieu au paiement de droits, réglés par des tarifs, et recouvrés par les percepteurs des contributions directes sur des rôles rendus exécutoires par les préfets, pour être mis en recouvrement par les mêmes voies et avec les mêmes termes de recours, en cas de réclamations, que pour les contributions directes.

Le montant intégral des rôles est exigible dans la quinzaine de leur publication. On excepte toutefois du paiement des droits la vérification des poids et mesures appartenant aux établissements publics, des instruments de pesage et de mesurage qui excèdent l'assortiment obligatoire, et des instruments présentés volontairement par des non assujétis (ord. 17 avril 1839, art. 46 à 54).

Pag. 376, ligne 14.

Supprimer ces mots, *ou tolerées*.

Pag. 472, n° 414, ligne 11, et page 480, n° 420, ligne 20, et n° 421.

La loi du 25 mai 1838, art. 20, a établi une règle nouvelle de compétence en matière de brevet d'invention. Aujourd'hui les actions en nullité ou en déchéance de brevets sont portées devant les tribunaux civils de première instance, et les actions en contrefaçon, devant les tribunaux de police correctionnelle. Si, sur une action en contrefaçon, la nullité ou la déchéance du brevet est opposée, les tribunaux de police correctionnelle surseoient à statuer, renvoient les parties à se pourvoir devant les tribunaux civils, pour faire prononcer sur la validité du brevet. (*V.* un arrêt de la cour de cassation du 3 avril 1841, qui décide que la loi nouvelle n'a point entendu priver le prévenu de contrefaçon de la faculté de proposer pour sa défense, devant le juge de répression, toutes les exceptions propres à le justifier, quand elles ne constituent pas de véritables actions en nullité ou déchéance d'un brevet d'invention; quand l'exception, par exemple, a pour seul but la maintenue de l'inculpé dans une possession reconnue antérieure au brevet, sans produire une déchéance absolue, applicable à d'autres qu'à cet inculpé.)

Pag. 611.

La loi du 7 juillet 1833, sur l'expropriation pour cause d'utilité publique, a été l'objet d'une révision générale dans la session de 1841. La loi du 3 mai 1841, qui la remplace aujourd'hui, tout en adoptant les principes généraux et le système de la loi de 1833, s'est attachée à faire disparaître quelques difficultés de détail, quelques imperfections que l'expérience avait révélées. La plus importante innovation consiste dans l'autorisation, en cas d'urgence, d'occuper préalablement les terrains soumis à l'expropriation, sauf consignation et règlement postérieur de l'indemnité. Nous allons faire connaître les modifications apportées à la loi de 1833, dont la plupart des articles ont été transcrits par la loi nouvelle. (*V.* le texte de la loi nouvelle, p. 58.)

Pag. 618, n° 539, ligne 26.

Pour autoriser l'exécution des routes, ajouter *départementales*.

Pag. 621, n° 542. Il est question, dans ce numéro, de la commission qui doit prononcer sur les réclamations des particuliers dont les biens sont désignés pour l'expropriation. A partir des mots *ses opérations*, ligne 15, jusqu'à la fin du numéro, substituer le passage suivant :

La commission ne peut délibérer valablement, qu'autant que cinq de ses membres au moins sont présents. Dans le cas où le nombre des membres présents est de six, s'il y a partage d'opinion, la voix du président est prépondérante (l. 3 mai 1841, art. 8). Pendant *huit jours*, la commission reçoit les observations des propriétaires, et dans les *deux jours* qui suivent, elle termine ses opérations. Si elles n'ont point été terminées dans ce délai, le sous-préfet transmet dans les *trois jours* au préfet son procès-verbal et les documents recueillis (art. 9). Mais si la commission propose quelque changement au tracé, le sous-préfet le fait connaître par un avertissement publié à son de trompe ou de caisse, affiché à la principale porte de l'église et à celle de la maison commune du lieu de la situation, et inséré dans l'un des journaux de l'arrondissement, et, s'il n'en existe pas, du département. Pendant huitaine à dater de cet avertissement, le procès-verbal et les pièces restent déposés à la *sous-préfecture ;* les parties intéressées peuvent en prendre communication, sans déplacement et sans frais, et fournir leurs observations écrites. Dans les *trois* jours suivants, le sous-préfet transmet toutes les pièces à la préfecture (art. 10).

Pag. 622, n° 543, ligne 12, après les mots *par l'autorité supérieure*, ajouter :

Qui peut, suivant les circonstances, ou statuer définitivement, ou ordonner qu'il soit procédé de nouveau à tout ou partie des formalités prescrites par les articles précédents. Dans le cas contraire, etc.

Pag. 622, n° 544, ligne 21, aux mots *un intérêt purement communal*, ajouter :

Ce qui comprend les travaux d'ouverture et de redressement des chemins vicinaux, quelle que soit leur nature.

Pag. 623, faire précéder le n° 545 d'un n° ainsi conçu :

Une fois que les biens à exproprier sont déterminés, l'administration doit essayer d'obtenir des cessions à l'amiable. Si, parmi les biens, il s'en trouve qui appartiennent à des mineurs, à des interdits, à des absents ou à d'autres incapables ; s'il y en a qui fassent partie de majorats ou qui soient substitués ou dotaux, les tuteurs, les envoyés en possession, les maires, et en général tous ceux qui représentent les incapables, peuvent, après autorisation du tribunal, donnée sur simple requête en la chambre du conseil, le ministère public entendu, consentir à l'aliénation de ces biens. Le tribunal ordonne les mesures de conservation ou de remploi qu'il juge nécessaires. S'agit-il de biens d'établissements publics, de communes, de départements, de l'État ou de la commune, les administrateurs, maires, préfets, et le ministre des finances, peuvent les aliéner avec des formalités analogues (art. 13).

Pag. 624, faire précéder le n° 546 de ces mots:

C'est le préfet qui saisit l'autorité judiciaire; s'il laisse s'écouler un an depuis son arrêté sans poursuivre l'expropriation, les propriétaires dont les terrains sont compris dans cet arrêté peuvent présenter requête au tribunal; la requête est communiquée par le procureur du roi au préfet, qui est tenu d'envoyer les pièces dans le plus bref délai (art. 14, § 2).

Ajouter à la fin du même numéro:

Le jugement commet un des membres du tribunal pour remplir les fonctions de directeur du jury chargé de fixer l'indemnité, et désigne un autre membre pour le remplacer au besoin. En cas d'absence ou d'empêchement de ces deux magistrats, il est pourvu à leur remplacement par une ordonnance sur requête du président du tribunal civil (art. 14, § 3-4).

Si les propriétaires à exproprier consentent à la cession, mais ne sont pas d'accord avec l'administration sur le prix, le tribunal donne acte de leur consentement; et sans qu'il soit besoin de rendre le jugement d'expropriation, ni de s'assurer de l'accomplissement des formalités du titre II, il renvoie devant le jury (art. 14, § 5).

Pag. 629, ligne 16, v° *il est notifié.*

Il est notifié dans la huitaine, soit à la partie au domicile indiqué, soit au préfet ou au maire, suivant la nature des travaux (art. 20).

Pag. 632, n° 550, ligne 21, après les mots *de l'arrondissement*, ajouter :

Immédiatement après l'accomplissement des formalités prescrites par l'art. 15 de la loi (art. 16).

Pag. 632, n° 551, ligne 28, après les mots *requérir l'inscription*, ajouter :

Sans préjudice des droits des femmes, mineurs et interdits sur le montant de l'indemnité, tant qu'elle n'a pas été payée, ou que l'ordre n'a pas été réglé définitivement entre les créanciers (art. 17). D'après cette disposition toute exceptionnelle, l'hypothèque légale, même non inscrite dans le délai, est transportée sur le prix.

Terminer le même n° 551 par ces mots :

L'administration est autorisée à payer le prix des acquisitions dont la valeur ne s'élèverait pas au dessus de 500 fr., sans accomplir les formalités de la purge. Mais les tiers intéressés peuvent faire valoir leurs droits ultérieurement dans les formes déterminées par le titre 4 de la loi (art. 19). « Depuis longtemps, a dit le rapporteur à la Chambre des Députés, l'administration est entrée dans cette voie, et l'expérience a prouvé que l'économie qu'elle avait obtenue sur les frais de purge dépassait, dans une énorme proportion, le montant des sommes qu'elle a eu à payer deux fois (Moniteur, 1841, pag. 69, l. 3). »

Pap. 634, n° 553, ligne 27, *faire connaître au magistrat commis par le jugement comme directeur du jury*, substituer : *faire connaître à l'administration.*

Pag. 637, n° 554, lignes 2 et 3, supprimer les mots : *ainsi qu'au propriétaire et aux créanciers inscrits*, et voir page suivante les motifs de cette suppression.

Pag. 638, n° 556.

Il résultait de l'art. 39 de l'ancienne loi, que l'indemnité des usagers dont les droits sont *réglés par le Code civil*, consistait dans une portion de l'intérêt du prix. La loi nouvelle fait disparaître cette distinction; elle décide d'une manière générale, art. 39, qu'une indemnité séparée est donnée à tous les *usagers, quels qu'ils soient;* il faut donc, à la ligne 24, après les mots *les droits d'usage*, supprimer les mots *autres que ceux établis par le Code*, et aux lignes 29 et 30, supprimer les mots *d'usage et d'habitation tels qu'ils sont réglés par le Code civil*, enfin supprimer le second alinéa de ce paragraphe destiné à résoudre une difficulté qui ne peut plus se présenter aujourd'hui.

Pag. 640, à la place des nos 557-558.

Quand le délai de huitaine donné pour connaître les tiers intéressés est expiré, l'État notifie aux propriétaires et à tous autres intéressés qui ont été désignés ou qui sont intervenus dans le délai, les sommes qu'il offre pour indemnités. Ces offres sont en outre affichées et publiées. Dans la quinzaine suivante, les propriétaires et autres intéressés sont tenus de déclarer leur acceptation, ou, s'ils n'acceptent pas, d'indiquer le montant de leurs prétentions; leur silence équivaut à un refus et entraîne contre eux la condamnation aux dépens, quelle que soit la décision du jury (1). Quant aux personnes qui représentent les incapables, elles ont le délai d'un mois afin de se faire autoriser à accepter dans les formes abrégées, indiquées par l'art. 13 de la loi; leur silence équivaut à un refus, mais n'entraîne pas nécessairement le paiement des frais. Chacun des intéressés est libre

(1) Ainsi il n'y a plus aujourd'hui qu'un même délai de quinzaine pour l'acceptation des offres soit de la part des propriétaires, soit de la part des créanciers inscrits ou des autres intéressés; il ne faut plus notifier l'acceptation du propriétaire aux autres parties, elles doivent se décider spontanément et accepter ou refuser.

d'accepter ou de refuser; ceux qui n'ont pas accepté sont cités devant le jury : la citation contient l'énonciation des offres qui leur ont été faites (art. 23 à 28 et art. 40, § dernier).

D'après l'art. 23 de la loi de 1833, l'administration devait notifier ses offres non-seulement aux propriétaires, aux intéressés qui avaient été désignés par eux ou qui étaient intervenus, mais encore *aux créanciers inscrits* qui ont intérêt à connaître les offres, puisqu'ils ont le droit, si elles ne leur paraissent pas suffisantes, de demander le règlement du prix par le jury. La loi nouvelle n'exige plus la notification des offres qu'aux propriétaires et aux intéressés qui *ont été désignés* ou qui *sont intervenus* dans le délai de l'art. 21 ; il n'est plus question des *créanciers inscrits*, et la discussion prouve que cette omission est volontaire et a pour but de simplifier la procédure (*V. Moniteur* de 1841, pag. 69, col. 3 et pag. 521).

« Il faut reconnaître que cette obligation de signi- » fier des notifications individuelles à tous les créanciers » inscrits, pouvait souvent entraîner à de grandes » dépenses, et occasionner de longs retards. On sait » à quel point la propriété est morcelée dans certaines » parties de la France ; d'ailleurs ce ne sont pas des » propriétés entières qu'on est obligé d'acquérir pour » les grands travaux d'utilité publique, mais un » nombre infini de parcelles de propriétés diverses. » Quelle est dès lors la complication de la procédure, » si à chacune de ces dépossessions partielles, on doit » lever un état d'inscription et notifier à tous les » créanciers inscrits?... Nous avons pensé, avec le » projet, qu'il y avait là une simplification impor- » tante à introduire dans la loi. Comme tous les » autres intéressés, les créanciers inscrits seront en-

» demeure, par l'avertissement collectif énoncé par » l'art. 6, d'intervenir, s'ils le jugent convenable, » devant le magistrat directeur du jury. » (Rapport de M. Dufaure, *Moniteur* 1841, pag. 69, col. 3.)

Ici s'élève une question fort grave, c'est celle de savoir si les créanciers inscrits, auxquels on ne notifie plus individuellement les offres de l'administration, sont déchus du droit de demander le règlement du prix par le jury, lorsqu'ils ne sont pas intervenus dans le délai fixé par la loi.

On trouve, pour l'affirmative, le texte même de la loi et les paroles du rapporteur que nous venons de citer. En effet, l'art. 24 porte que dans la quinzaine de la publication des offres, les propriétaires et *autres intéressés sont tenus* de déclarer leur acceptation, ou, s'ils n'acceptent pas les offres qui leur sont faites, d'indiquer le montant de leurs prétentions; et M. Dufaure dit positivement : « *Comme les autres intéressés, les créan-* » *ciers inscrits seront en demeure* par l'avertissement » collectif.... d'intervenir, s'ils le jugent convenable, » devant le magistrat directeur du jury. » Ces mots, *seront en demeure*, paraissent indiquer que l'intention de la commission a été d'assimiler les créanciers aux autres intéressés, et d'enlever par conséquent le droit de demander le règlement par jury à tous ceux qui ne se sont pas présentés dans le délai fixé.

Nous ne pouvons admettre que tel soit l'esprit de la loi, car elle contiendrait alors une dérogation fort grave aux principes du Code civil, et détruirait l'une des principales conséquences du système hypothécaire.

L'hypothèque, en effet, est inhérente à la chose, elle la suit dans quelques mains qu'elle passe, sans pouvoir en être effacée contre le gré du créancier hypothécaire, qu'autant que son droit est transporté sur le prix avec l'accomplissement de toutes les formalités qui constituent *la purge*. Nous disons avec l'accomplissement de *toutes les formalités*, car la purge n'est pas produite par un acte isolé; elle ne résulte que de l'accomplissement des formalités et conditions prescrites aux tiers détenteurs (art. 2180, § 3, du Cod. civ.). Or ces formalités sont :

1° La transcription de l'immeuble (2181);

2° Les notifications aux créanciers prescrites par l'art. 2183, et l'offre de payer le prix (2184);

3° La faculté de surenchérir, accordée à chaque créancier inscrit pendant un délai déterminé (2185).

La loi sur l'expropriation publique, nous le reconnaissons, a modifié le Code civil en plusieurs points que nous avons eu soin de signaler. Mais elle a conservé les principes du Code sur la purge, tout en substituant quelquefois des équivalents aux formalités qu'il prescrit; c'est ainsi que son art. 17 remplace le droit de surenchérir par celui de demander le règlement du prix; ce dernier droit produit les mêmes effets; et tant que le créancier n'a pas été mis à même de l'exercer, la purge n'est pas complète, l'hypothèque continue à frapper sur l'immeuble, même passé dans les mains de l'Etat, même employé par lui.

C'est bien à tort, ce nous semble, que M. Dufaure assimile dans son rapport les créanciers hypothécaires inscrits aux *intéressés* dont parle l'art. 21, et les enveloppe dans la même déchéance. Dans la loi de 1833, cette déchéance pouvait, sans injustice, être prononcée contre eux par l'art. 24, attendu que l'art. 23 exigeait qu'on *leur notifiât* les sommes offertes pour indemnité. La loi nouvelle a dispensé de faire les notifications individuelles aux créanciers inscrits, et le motif en est parfaitement expliqué par le rapporteur de la Chambre des Députés : c'est que, par suite de l'état de morcellement dans lequel se trouve la propriété en France, les notifications individuelles entraînaient de grandes dépenses, et occasionnaient de longs retards. On a donc voulu économiser les frais et le temps, et non pas enlever aux créanciers un droit qu'on venait de consacrer dans l'art. 17. Or il nous sera facile de prouver que si l'on opposait aux créanciers inscrits la déchéance résultant du silence dans la quinzaine de la publication des offres (art. 24), on rendrait illusoire, dans un grand nombre de cas, le droit de demander le règlement par le jury.

Il existe en effet une grande différence entre les créanciers inscrits et les autres intéressés dont il est question dans les art. 21, 23 et 24. Ces intéressés sont des individus qui ont sur la chose des droits d'usage autres que ceux réglés par le Code (21) : par exemple, des droits de pacage, des droits d'usage dans les forêts (v. Elem., t. 1, p. 635). Ils sont souvent très-nombreux, et non-seulement il serait difficile, mais encore inutile de notifier les offres à chacun d'eux, car ils demeurent nécessairement dans le voisinage de l'immeuble, et ils ne peuvent ignorer l'expropriation : pour ceux-là, les notifications faites à son de trompe sont plus que suffisantes. Mais il n'en est pas de même des créanciers inscrits : ils peuvent demeurer loin de l'immeuble; et telle est la sécurité que leur donne le Code, que, pourvu qu'ils renouvellent leur inscription tous les 10 ans, ils ne peuvent perdre leur hypothèque et la voir transformer en un droit de préférence sur le prix, qu'autant qu'ils ont été avertis et mis en demeure de surenchérir dans les cas ordinaires, ou de faire fixer le prix par le jury, dans les cas d'expropriation. Serait-il possible de considérer comme une *notification* du prix la publication des offres, si le créancier demeurait, nous ne dirons pas à cent lieues, mais seulement dans le département voisin de celui où l'expropriation a lieu? Evidemment non. Et cependant le droit de demander le règlement du prix est d'une grande importance, car il peut se trouver des propriétaires négligents qui acceptent des offres insuffisantes; il peut y en avoir d'autres qui s'entendent avec la compagnie concessionnaire, pour dissimuler une partie du prix qu'ils reçoivent.

Si l'on considérait la publication des offres exigée par l'art. 23, § 2, comme équivalent à une notification faite à chaque créancier inscrit, il faudrait alors appliquer à ceux de ces créanciers qui n'auraient pas déclaré leur acceptation dans la quinzaine, la présomption qu'ils refusent, et les assigner devant le jury conformément à l'art. 28. En vain dirait-on que cet article n'impose l'obligation d'assigner que ceux qui ont *été désignés* ou *sont intervenus*, car les créanciers inscrits sont suffisamment *désignés* dans leur inscription, et ils sont par elle dans un état *permanent d'intervention*. Ce serait donc par la *faute* de l'administration qu'ils ne seraient pas assignés devant le jury, et cette faute de l'administration ne pourrait préjudicier à leurs droits.

Disons que la suppression des notifications individuelles aux créanciers inscrits est un moyen de diminuer les frais et d'abréger les délais, de même que la dispense de la purge lorsque la valeur de la chose est moindre de 500 fr.; que l'administration employera l'un et l'autre de ces moyens à ses risques et périls; mais que les créanciers inscrits non avertis par une notification spéciale ou non mis en cause conformément à l'art. 28, conserveront le droit de faire fixer l'indemnité par le jury, de même que les créanciers vis-à-vis desquels on n'a pas purgé conservent le droit d'exiger de l'Etat le montant du prix, quoique ce prix ait déjà été payé au propriétaire.

On trouve dans l'analyse de la discussion, donnée par M. Duvergier, t. de 1841, p. 150 et suiv., des passages qui semblent confirmer cette opinion. Nous devons dire aussi qu'on en trouve qui paraissent favorables à l'opinion contraire; mais il n'a été rien dit de décisif. La véritable difficulté, celle que nous venons de signaler, paraît avoir échappé aux législateurs, qui n'étaient animés que du désir d'abréger les délais, de diminuer les frais. Nous croyons donc devoir nous en tenir au système que nous venons d'exposer, système basé sur les principes généraux du Code, auquel on ne peut pas croire que les Chambres aient voulu déroger implicitement dans une loi toute spéciale.

Ajoutons que la modification apportée par la loi nouvelle à celle de 1833 ne nous paraît pas avoir atteint le but que l'on s'est proposé, celui d'éviter la levée des états d'inscription et la notification aux créanciers. En effet, il résulte des articles 53 et 54, et des principes du droit commun, que le prix réglé par le jury est consigné, *lorsqu'il existe des inscriptions sur l'immeuble exproprié;* par conséquent il faudra, à moins que l'on ne veuille courir le risque de payer deux fois, que l'administration se fasse délivrer un certificat qu'il n'existe pas d'inscription ou un relevé des inscriptions existantes, puisque, dans ce dernier cas, elle ne doit pas faire le paiement. Voilà donc les formalités qu'on voulait éviter qui se reproduisent avant la prise de possession. Le prix une fois consigné, par qui les créanciers seront-ils avertis de faire déterminer l'ordre dans lequel il leur sera distribué? Sans doute par le propriétaire. Mais alors, suivant une jurisprudence conforme aux véritables principes, le propriétaire aura le droit de faire comprendre dans l'indemnité les frais qu'il aura à faire plus tard pour avertir ses créanciers, parce que ces frais seront une conséquence de l'expropriation qui doit, en définitive, être supportée par l'Etat.

Que sera-ce donc si, comme nous le pensons, le créancier inscrit, qu'on n'aura point averti individuellement, peut, tant que la prescription ne sera pas acquise contre lui, venir demander à l'Etat la fixation du prix par le jury. Ce droit lui appartiendra, lors même qu'un premier règlement aura eu lieu avec le propriétaire, parce que ce règlement ne pourra lui être opposé. Il faudra alors convoquer un jury qui prononcera sur le prix d'un immeuble dénaturé depuis longtemps, et qui par conséquent sera toujours hors d'état de connaître la véritable valeur de la chose, et courra le risque de rendre une décision préjudiciable soit aux particuliers, soit au trésor.

La faculté accordée à l'administration de ne pas purger quand l'immeuble est d'une valeur inférieure à 500 fr., nous paraît suffisante pour le plus grand nombre des cas. Lorsque l'immeuble excède cette valeur, il y a danger pour elle à profiter de cette autre faculté qui lui est donnée de ne pas faire notifier les offres aux créanciers inscrits. Nous pensons en conséquence qu'elle fera bien, lorsque les immeubles auront quelque importance, qu'il s'agira par exemple d'édifices à démolir, de se renfermer dans la rigoureuse observation des règles du droit, sous peine de voir naître plus tard des réclamations auxquelles l'Etat ne pourrait sans doute pas échapper.

Pag. 642, n° 559, le remplacer par le numéro suivant:

La cession amiable, quand elle a lieu après l'accomplissement des formalités prescrites pour la déclaration d'utilité publique et pour la désignation des propriétés, équivaut au jugement d'expropriation quant à la translation des droits des tiers sur le prix; mais elle ne dispense pas de l'observation des formes prescrites dans leur intérêt. L'acte doit être publié et affiché par extrait dans la commune de la situation des biens, et inséré dans un journal de la même manière que le jugement; il est transcrit au bureau du conservateur des hypothèques, conformément à l'art. 2181 du Code civil, et les priviléges et hypothèques, quels qu'ils soient, doivent être inscrits dans la quinzaine. Cependant, lorsque le prix n'excède pas *cinq cents francs*, l'administration est autorisée, comme nous l'avons déjà dit, à payer le prix sans observer toutes ces formalités, mais *sauf les droits des tiers;* et, en général, quelle que soit la valeur de la chose, le défaut de purge n'empêche pas l'expropriation d'avoir son cours, sauf aux parties intéressées, dit l'article 19, à faire valoir leurs droits ultérieurement *dans les formes déterminées par le titre 4 de la présente loi.*

Cette disposition ajoutée à l'ancien art. 19 a pour but de proscrire la jurisprudence de la Cour royale de Colmar, qui avait refusé de désigner un jury par le motif qu'on n'avait pas fait la purge; l'autorité judiciaire s'immisçait à tort dans l'examen d'une question qui n'était pas de son ressort. Tout acquéreur peut se dispenser de purger en courant les risques de payer deux fois; l'Etat et les compagnies concessionnaires ont le même droit, à cet égard, que les simples citoyens. L'article 19 veut donc dire que l'expropriation ne pourra pas être interrompue par le défaut d'accomplissement des formalités de la purge. Les créanciers hypothécaires conserveront leur recours contre l'Etat, comme ils l'auraient contre tout autre acquéreur qui n'aurait ni transcrit, ni purgé. Le prix sera réglé alors conformément au titre 4, c'est-à-dire par le jury.

Dans le cas où l'administration n'est pas dispensée d'observer les formalités destinées à donner de la publicité, l'acte de vente remplaçant le jugement, le vendeur doit, dans la huitaine de la notification prescrite par l'article 15, faire la déclaration des tiers intéressées dont il est question dans l'article 21 et le n° 553.

Pag. 643, après le n° 559, ajouter :

La prise de possession préalable, sauf consignation d'une indemnité et règlement postérieur, était le but principal et l'innovation la plus importante de la loi. Cette mesure a été l'objet de nombreuses critiques: on l'a attaquée comme inconstitutionnelle, comme rendant inutile le recours en cassation contre le jugement d'expropriation qui pourra être exécuté avant que le recours soit jugé, comme rendant impossible une évaluation définitive de l'indemnité, puisque au moment où elle aura lieu, la chose aura changé de nature; enfin on a dit qu'une fois l'exception établie, elle deviendrait le droit commun.

On a répondu à ces différents reproches, d'abord en exposant la nécessité de la mesure : la France est le pays où l'on dépense le plus d'argent pour les travaux publics avec le moins d'utilité pour la société, à cause de l'égoïsme de quelques particuliers. Il arrive quelquefois que l'administration a traité à l'amiable avec tous les propriétaires dont les terrains sont nécessaires, à l'exception d'un seul qui élève ses prétentions si haut, qu'on est obligé de l'exproprier; il en résulte un retard, qui est quelquefois d'une année, dans l'exécution des travaux, et par conséquent une perte considérable pour l'État et pour les particuliers qui ont cédé leurs fonds de bonne grâce dans l'espérance des avantages que l'entreprise nouvelle doit leur procurer. D'autrefois des accidents de terrain forcent à changer tout à coup, sur un point, la direction d'une route, d'un chemin de fer déjà établis; il est de la plus grande importance que les nouveaux travaux soient promptement exécutés, pour que la viabilité ne reste pas interrompue.

Sur la question de constitutionnalité, on a dit que l'offre et la consignation d'une indemnité satisfont à l'esprit et à la lettre de la Charte; que déjà ce système a été adopté par la loi du 30 mai 1831, relative aux travaux militaires, et que tout le monde a reconnu qu'il était parfaitement conforme aux principes.

Quant aux avantages que présente le système d'occupation préalable, ils sont évidents : en effet, avec la procédure ordinaire, il faut rigoureusement 90 jours pour que l'administration prenne possession; avec l'occupation préalable il suffira de 20 jours, ce qui occasionnera une abréviation de délai bien plus considérable encore qu'elle ne paraît l'être, parce que l'accomplissement de chaque formalité donne lieu dans la pratique à des lenteurs qui font que le délai légal est toujours excédé; il pourra arriver sans doute que le recours en cassation ne produise d'effet qu'après l'exécution; mais cet inconvénient existe même dans les cas ordinaires, et il est inhérent à la nature des choses, puisque en matière d'expropriation pour cause d'utilité publique, le pourvoi en cassation n'est pas suspensif, *v.* Eléments, t. II, pag. 630.

Pour satisfaire à ce qu'il y avait de fondé dans les critiques et rendre les abus impossibles, il a été décidé que la déclaration d'urgence ne pourrait avoir lieu que par *une ordonnance royale* (1), et que, pour ne pas rendre trop incertaine l'évaluation définitive, elle ne s'appliquerait qu'aux *propriétés non bâties* (art. 65).

Voici maintenant la procédure adoptée par la loi nouvelle :

Après le jugement d'expropriation, on notifie aux propriétaires et aux détenteurs, conformément à l'art. 15, l'ordonnance qui déclare l'urgence, ainsi que le jugement d'expropriation. On les assigne en même temps à comparaître à trois jours au moins devant le tribunal civil; l'assignation énonce la somme offerte par l'administration. Au jour fixé, les propriétaires et détenteurs doivent comparaître pour déclarer quelle est la somme dont ils demandent la consignation avant l'envoi en possession; faute par eux de comparaître, le tribunal fixe cette somme en leur absence (art. 66, 67, 68).

Afin de déterminer la valeur de l'indemnité préalable, le tribunal peut se transporter sur les lieux ou commettre un juge, même un juge de paix (art. 1035 du C. de proc. civ.), pour visiter les terrains, recueillir tous les renseignements propres à en déterminer la valeur, et en dresser, s'il y a lieu, un procès-verbal descriptif. Des délais très-courts lui sont accordés pour ces différents actes. L'opération doit être terminée dans les cinq jours à compter du jugement qui l'a ordonnée, et la détermination de la somme

(1) Il a été dit dans la discussion, que, pour plus de célérité, l'ordonnance pourrait être rendue avant le jugement d'expropriation, sauf à n'être exécutée qu'après.

doit être faite dans les trois jours de la remise du procès-verbal au greffe (art. 68).

L'administration consigne la somme fixée par le tribunal, plus une autre somme suffisante pour assurer pendant deux ans le service des intérêts à cinq pour cent; elle assigne, à 2 jours de délai, les propriétaires et détenteurs devant le président du tribunal, lequel, sur le vu du procès-verbal de consignation, ordonne la prise de possession et taxe les dépens qui sont supportés par l'administration. Le jugement du tribunal, l'ordonnance du président, sont exécutoires sur minute et ne peuvent être attaqués par opposition ou appel; mais ils peuvent être l'objet d'un pourvoi en cassation, lequel n'est pas suspensif (art. 69, 71, 72).

Après la prise de possession, il est procédé à la fixation définitive de l'indemnité par le jury, conformément au titre 4, sur la poursuite de la partie la plus diligente; et si l'indemnité définitive est supérieure à la somme déterminée par le tribunal, ce supplément doit être consigné dans la quinzaine de la notification de la décision du jury, sinon le propriétaire peut s'opposer à la continuation des travaux (73, 74).

Pag. 643, n° 560.

Il faut dans ce numéro substituer *la première chambre de la cour royale* et la *première chambre de tribunal du chef-lieu judiciaire* à *la cour* et au *tribunal*, et ajouter que, pendant les vacances, le choix est fait par la chambre de la cour ou du tribunal chargé du service des vacations; et qu'en cas d'abstention ou de récusation des membres du tribunal, le choix est déféré à la cour (30).

Pag. 649, *in fine*, et 630.

D'après l'article 51 de la loi nouvelle, la prise en considération dans le règlement de l'indemnité de la plus-value immédiate et spéciale, résultant des travaux, est *obligatoire* au lieu d'*être facultative* comme auparavant.

Pag. 652, ligne 6.

D'après l'article 40 de la loi nouvelle, l'indemnité ne peut plus être *supérieure* à la demande de la partie. C'est un retour aux véritables principes, qui ne permettent pas de prononcer *ultra petita*, principes qui avaient été violés par l'article 40 de l'ancienne loi, lequel supposait que l'indemnité pouvait être *supérieure* à la demande des parties.

Même page, ajouter à la nomenclature des articles dont la violation peut entraîner le recours en cassation, les 1er et 2e paragraphes de l'art. 34, et ajouter à la fin de la page:

La Cour de cassation peut, suivant les circonstances, renvoyer l'appréciation de l'indemnité à un jury choisi dans un des arrondissements voisins, quand même il appartiendrait à un autre département (art. 40, § 2).

Pag. 653, n° 565, substituer aux lignes 11 et 12 ces mots: quand il s'est écoulé six mois *depuis le jour de la décision du jury*, et supprimer la note (art. 55, § 2).

Id. ligne 20.

Lorsqu'il s'agit de travaux exécutés par l'État ou les départements, les offres peuvent être faites au moyen d'un *mandat* délivré par l'ordonnateur compétent, visé par le payeur. C'est une dérogation au principe que les offres doivent être faites en espèces. « Les règles de la comptabilité, a dit le rapporteur, ne permettent pas de laisser sortir l'argent du trésor sans une quittance; et comme, le propriétaire refusant de recevoir les offres, cette quittance ne peut pas être délivrée, la commission a reconnu qu'il y avait lieu de faire les offres réelles au moyen de mandats. » Cette exception n'a aucun danger, puisqu'il s'agit de mandats payables à vue par le trésor, qui est toujours solvable et qui a des caisses à la portée de tous ses créanciers; d'un autre côté, cette dérogation facilite les offres, puisqu'elle dispense les huissiers de se charger de sommes quelquefois très-considérables. Il faut observer toutefois que la faculté de faire des offres avec des mandats n'est accordée qu'à l'Etat et aux départements, et qu'elle ne s'étend pas aux communes, dont les recettes et les dépenses sont faites par un agent particulier. Quand les offres sont refusées, la *prise de possession* ne peut avoir lieu qu'après *consignation*, et la consignation se fait toujours en espèces (art. 53).

Pag. 654, § 566, ajouter à la fin:

Il ne sera perçu aucun droit pour la transcription des actes au bureau des hypothèques.

Les droits perçus sur les acquisitions amiables faites antérieurement aux arrêtés de préfet sont restitués lorsque, dans le délai de deux ans à partir de la perception, il est justifié que les immeubles acquis sont compris dans ces arrêtés; toutefois la restitution des droits ne s'applique qu'à la portion des immeubles qui a été reconnue nécessaire à l'exécution des travaux (art. 58).

T. 1, pag. 670, n° 580, ajouter:

Les *mines* de sel gemme ne sont pas comprises dans l'énumération de la loi de 1810; elles se trouvaient dans le projet, mais elles en ont été retranchées lors de la discussion qu'il y a eu devant le conseil d'État.

Quelques personnes ont conclu de cette suppression qu'on ne pouvait leur appliquer les dispositions exceptionnelles de la loi ; il résulte cependant de la discussion, que si les mines de sel ont été retranchées de l'art. 2, c'est parce qu'on voulait les soumettre à un régime plus rigoureux encore que celui des autres mines. La matière ayant paru trop grave pour être traitée incidemment, Napoléon fit rayer *le sel* de la loi, et ordonna des études particulières qui n'étaient point terminées à la chute de l'empire. Aussi fit-on, par la loi du 6 avril 1825, l'application de la loi de 1810 aux mines de sel gemme découvertes dans l'est de la France.

Une autre question était plus difficile à résoudre : c'était celle de savoir si une autorisation était nécessaire pour exploiter les sources d'eau salée ; le conseil d'État et la Cour de cassation l'avaient résolue négativement, attendu l'absence d'une disposition de loi qui exigeât l'accomplissement de cette formalité. La loi du 17 juin 1840 a tranché ces différentes questions en ces termes : « Nulle exploitation de mines de sel, de sources ou de puits d'eau salée, naturellement ou artificiellement, ne peut avoir lieu qu'en vertu d'une concession consentie par ordonnance royale délibérée en conseil d'État (art. 1). L'art. 2 rend applicables les lois et règlements généraux sur les mines aux exploitations de mines de sel, et annonce un règlement d'administration publique qui déterminera, selon la nature de la concession, les conditions auxquelles l'exploitation sera soumise ainsi que la forme des enquêtes qui devront précéder les concessions de sources ou de puits d'eau salée. » Ce règlement a été fait par une ordonnance du 7 mars 1841, qui reproduit les principales dispositions de la loi de 1810, auxquelles elle ajoute des dispositions spéciales à cette nature de concessions.—« Les usines destinées à la fabrication du sel ne peuvent être établies qu'en vertu d'une ordonnance royale. » (V. ordon. du 7 mars 1841, art. 25 et suiv.) Les mines de sel diffèrent des autres mines en ce qu'elles ne sont point assujéties au droit proportionnel; la raison en est qu'elles sont soumises au paiement d'une contribution indirecte. (L. du 17 juin 1840, art. 4; voir t. 2, p. 135.) *V.* le texte, p. 58.

TOME DEUXIÈME.

Pag. 57, n° 58, à la fin, ajouter :

Le Code forestier (art. 15 et 16) n'admettait d'autre mode d'adjudication des coupes de bois de l'État que l'adjudication aux enchères, avec faculté de surenchérir jusqu'au lendemain à midi. Il résultait de ce système l'exclusion des autres modes d'adjudication, et notamment de celle qui a lieu par soumissions cachetées, et qui présente l'avantage de rendre impossibles les coalitions qui entravent souvent la liberté des enchères : d'un autre côté, la surenchère était souvent employée comme une menace, pour obtenir des adjudicataires des sacrifices qui pouvaient tourner au préjudice de l'État, en les mettant dans l'impossibilité de remplir leurs engagements envers lui. On a remédié à ces différents inconvénients, en décidant, par une loi abrogative des art. 25 et 26 du Code forestier, qu'à l'avenir le mode d'adjudication serait déterminé par une ordonnance; que cette adjudication aurait toujours lieu avec publicité et libre concurrence, et qu'elle serait définitive au moment où elle serait prononcée, sans qu'il pût y avoir lieu à surenchère (l. du

4 mai 1837, art. 1). Le fonctionnaire qui préside la séance est juge de toutes les difficultés qui peuvent s'élever pendant les opérations de l'adjudication, soit sur la validité des opérations, soit sur la solvabilité de ceux qui ont fait des offres et de leurs cautions (*id.*, art. 2).

Pag. 67, n° 70.

M. le ministre des finances a publié le 17 juin 1840 *une instruction générale* qui résume les dispositions réglementaires concernant le service et la comptabilité du receveur des finances, des percepteurs et des receveurs des communes et des établissements de bienfaisance. Cette instruction, qui forme un fort volume in-8°, remplace l'instruction générale du 15 décembre 1826. (Voir aussi, sur quelques modifications apportées à l'organisation de l'administration des contributions directes, l'ordonnance du 8 janvier 1841, l'arrêté du ministre des finances du 9 janvier 1841.)

Pag. 135, n° 144, ajouter au chap. VI, section 2, un paragraphe qui viendra après le § 1er, pag. 138.

DROIT SUR LE SUCRE INDIGÈNE.

SOMMAIRE.

Protection spéciale du sucre indigène. — Danger pour les colonies. — Impôt établi sur le sucre indigène. — Modification du tarif.

Le blocus continental établi par l'empereur Napoléon donna naissance à la fabrication du sucre indigène. La science trouva dans la betterave un sucre identique à celui que les planteurs extrayaient de la canne sous le ciel brûlant des colonies. Lorsque en 1814 la liberté des mers ouvrit nos ports aux denrées coloniales, on frappa le sucre des colonies d'un droit d'importation dont le but était de protéger la fabrication du sucre indigène, qui, sans cela, n'aurait pu soutenir la concurrence; mais cette fabrication s'étant améliorée, le sucre indigène, libre de tout impôt, descendit à un prix inférieur à celui du sucre des colonies rendu en France. De là une grande diminution dans les importations, de là aussi de nombreuses réclamations. L'existence des colonies était compromise, et avec elle une grande partie de notre commerce maritime, ainsi que la prospérité des ports de mer; notre commerce d'exportation, et par conséquent l'agriculture et l'industrie devaient supporter leur part de la catastrophe qui menaçait les colonies; enfin le trésor souffrait de la diminution des importations, qui entraînait une diminution dans le produit des droits d'entrée.

Deux systèmes furent proposés pour remédier à tant d'inconvénients : l'établissement d'un impôt sur le sucre indigène, ou le dégrèvement de celui qui est perçu sur le sucre colonial. Un projet de loi présenté au Corps législatif de 1837 adoptait le dégrèvement; mais les chambres, usant de leur droit d'amendement, lui substituèrent l'impôt. Cette mesure a l'avantage de ne pas nuire au trésor, d'augmenter même ses recettes en imposant une denrée éminemment imposable, puisqu'elle n'est pas de première nécessité.

La loi du 18 juillet 1837 décida donc qu'il serait perçu par la régie des contributions indirectes, sur les sucres indigènes, un droit de licence de 50 fr. pour chaque établissement de fabrication, et un droit de fabrication de 15 fr. par cent kilogrammes de sucre brut (art. 1). Toutefois le droit à la fabrication était réduit à 10 fr. pour la première année. L'impôt est perçu au lieu même de la fabrication, par la voie de l'exercice, dans les formes déterminées par des ordonnances royales d'administration publique, et les contraventions à la loi et aux ordonnances sont punies d'une amende de 100 fr. à 600 fr. (art. 3), et de la confiscation des sucres, sirops et mélasses fabriqués, enlevés et transportés en fraude (l. du 10 août 1839, art. 12, et ord. du 24 août 1840, art. 17).

La loi de 1837 voulait, comme nous venons de le dire, que le droit de fabrication, qui était fixé à 15 fr., ne fût que de 10 fr. pendant la première année de l'exercice. C'était un moyen de faciliter la transition du régime de la franchise à celui de l'impôt. Les fabricants de sucre indigène, pour mieux profiter de cette faveur, forcèrent tellement la production pendant cette année de grâce, que les sucres tombèrent à vil prix; de là une crise commerciale qui fit supporter des pertes considérables aux colons, aux commerçants et aux fabricants de sucre indigène eux-mêmes. Il en résulta un soulèvement général contre l'industrie du sucre indigène, et l'on ne parlait pas moins que de l'anéantir.

Le ministère soumit à la chambre des députés un projet de loi qui devait avoir ce résultat, et qui donnait aux fabricants de sucre indigène une indemnité de 40 millions. C'était une mauvaise mesure, parce que le gouvernement ne doit jamais détruire une industrie au profit d'une autre, mais doit les protéger toutes également; parce qu'en cas de guerre maritime, on se serait trouvé privé de sucre; parce que la fabrication du sucre indigène, invention toute nationale, favorise l'agriculture, l'éducation des bestiaux, et est une source abondante de produits. Enfin l'indemnité de 40 millions était un mauvais précédent qu'on aurait pu invoquer plus tard; cette somme ne pouvait d'ailleurs être répartie justement entre tous ceux que la suppression de l'industrie aurait fait souffrir. Le projet de loi fut rejeté, et l'on adopta, dans la loi du 3 juillet 1840, un système qui proclame en droit l'égalité de l'impôt pour l'industrie coloniale et pour l'industrie indigène, et qui établit un tarif équilibré d'après leur situation actuelle, et devant conduire, à une époque indéterminée, au nivellement du droit (v. art. 1 et 5). Ainsi les deux industries grevées de charges analogues sont également protégées et également grevées. Tous les intérêts sont donc aussi bien conciliés que possible, et le trésor n'est pas lésé. Les tarifs de droits établis à l'importation des sucres coloniaux ne peuvent être modifiés que par une loi (art. 2). Les surtaxes établies sur les sucres étrangers et le classement des qualités inférieures peuvent être modifiés par des ordonnances qui doivent être soumises aux chambres dans la plus prochaine session (art. 4). Quant aux mesures nécessaires pour assurer la perception du droit imposé sur le sucre indigène, elles sont prescrites par des ordonnances royales qui doivent être présentées aux chambres, dans leur prochaine session, pour être converties en loi (v. l. du 4 juillet 1838, ord. du 4 juillet 1838, l. du 10 août 1839, art. 12, du 24 août 1840, qui modifie celle du 4 juillet 1838).

Même page 135, n° 145, substituer aux deux derniers alinéas de ce numéro le passage suivant :

La loi du 17 juin 1840 soumet à la nécessité d'une concession l'exploitation des mines de sel, des sources et des puits d'eau salée (v. ci-dessus, p. 29); elle impose aux concessionnaires des obligations qui ont pour but d'assurer la perception du droit, d'interdir l'enlèvement et le transport des matières salifères pour toute destination, autre que celle d'une fabrique régulièrement autorisée; détermine les peines à appliquer, et autorise différentes exceptions (art. 5 à 17). La même loi résilie le bail des mines de sel des départements de l'est, et homologue un traité passé à cette occasion entre l'État et les fermiers, tendant à accorder à ces départements une indemnité (art. 17 et 19). Il résulte de cette résiliation que les mines des départements de l'est, qui étaient placées par la loi du 6 avril 1828 sous un régime exceptionnel, onéreux pour les consommateurs de ces départements, rentrent dans le droit commun, et peuvent être l'objet de concessions comme toutes les autres mines du royaume. (*V*. le texte de la loi, p. 53.)

Pag. 136, n° 147.

Le monopole du tabac a été prorogé jusqu'au 1er janvier 1852 par une loi du 23 avril 1840.

Pag. 140, après le n° 150.

Voir, pour la perception de l'impôt dû au trésor à l'occasion du prix des places sur les chemins de fer, la loi du 2 juillet 1838.

Pag. 176, n° 193.

Ne sont plus assujétis au timbre, les œuvres de musique, à l'exception des journaux et écrits périodiques consacrés à cet art, ni les écrits périodiques consacrés à l'agriculture, lors même qu'ils paraîtraient plusieurs fois par semaine. (L. du 16 juillet 1840, art. 3 et 4.)

Pag. 502, n° 538.

L'adjudication de la pêche au profit de l'État ne

pouvait avoir lieu, par voie d'adjudication publique, qu'aux enchères, avec faculté de surenchérir. (L. du 15 avril 1829, art. 10, 14, 16, 19, 20, 21). Les inconvénients que présentait ce mode d'adjudication ont motivé la loi du 6 juin 1840, qui porte que le mode d'adjudication est déterminé par une ordonnance royale, et qui supprime la surenchère. L'ordonnance du 28 octobre 1840 autorise le mode d'adjudication au rabais, ou aux enchères et à l'extinction des feux : l'adjudication doit toujours avoir lieu avec publicité et concurrence. Le mode de concessions par licence peut être employé, lorsque l'adjudication a été tentée sans succès.

TOME TROISIÈME.

Pag. 40, n° 44, ajouter après le 1er alinéa :

La loi du 18 juillet 1837, en donnant au préfet le droit d'annuler les délibérations prises par les conseils municipaux, dans les cas prévus par l'article 17, a pourvu par son article 18 à ce que ce droit ne fût pas illusoire, en suspendant l'exécution de la délibération pendant un délai de 30 jours à partir de la réception de la délibération par le sous-préfet; mais cette délibération était ordinairement ignorée des habitants de la commune, qui ont intérêt cependant à la connaître pour présenter des observations au préfet, dans le cas où elle leur serait préjudiciable. Une ordonnance des 18 décembre 1838-1er janvier 1839 décide que le maire devra, avant de soumettre la déliberation au sous-préfet, avertir les habitants par la voie des annonces et publications usitées dans la commune, qu'ils peuvent se présenter à la maison commune pour prendre connaissance de la délibération, conformément à l'art. 15 de la loi du 21 mars 1831. L'accomplissement de cette formalité est constaté par un certificat du maire, joint à la délibération transmise au sous-préfet Comme cette ordonnance a pour but de donner de la publicité à des actes qui n'en recevaient pas, elle laisse subsister les formalités d'annonces et de publications prescrites par les lois à l'égard des baux des biens des communes. (Circul. du 13 mars 1839.) *V.* p. 56.

Pag. 52, après le n° 55.

Les remises des receveurs municipaux sont fixées par une ordonnance du 17 avril 1839 (v. circul. du ministre de l'intérieur du 12 février 1840).

Pag. 91, n° 95, à la fin.

Deux ordonnances en date des 10 et 24 août 1840 statuent sur les formes des adjudications ordinaires et extraordinaires des bois des communes.

Pag. 120, à la fin du n° 144, ajouter la mention d'une ordonnance du 30 mai 1840.

Pag. 131, n° 159, ajouter:

Les mainlevées d'hypothèques inscrites au profit d'une commune sont données par les maires, avec l'autorisation du conseil municipal, rendue exécutoire par un arrêté du préfet en conseil de préfecture. (Ord. du 15 juill. 1840.)

Pag. 203, après le n° 240, ajouter:

Voir une ordonnance du 21 février 1841, concernant les établissements généraux de bienfaisance et d'utilité publique, et un règlement pour le service intérieur des hospices et des hôpitaux, du 31 janvier 1840.

Pag. 226, après le n° 270, ajouter :

Voir l'ordonnance du 22 février 1839, relative à l'administration de toutes les bibliothèques du royaume; celle du 2 juillet 1839, concernant la bibliothèque royale, et la décision du roi du 2 juillet 1839, sur la nomination aux emplois de bibliothécaires des villes.

Pag. 233, n° 278, ajouter:

Les abattoirs publics et communs sont rangés dans la 1re classe des établissements insalubres et dangereux par l'ordonnance des 15 avril-12 mai 1838.

ORGANISATION DU CONSEIL D'ÉTAT (ORD. DU 18 SEPT. 1839.) *V*. p. 49.

Pag. 347, à la place des nos 415-416-417, mettre ce qui suit:

Le conseil d'Etat se compose : des ministres secrétaires d'État, des conseillers d'État, des maîtres des requêtes et des auditeurs, et d'un secrétaire général ayant titre et rang de maître des requêtes. Il est présidé par le garde des sceaux, et, en son absence, par un vice-président nommé par le roi parmi les conseillers d'État. Les membres du conseil d'Etat sont nommés par le roi. Ils doivent être âgés : les conseillers d'État de 30 ans, les maîtres des requêtes de 27 ans, et les auditeurs de 21 ans accomplis : ces derniers doivent en outre être licenciés en droit. Avant d'entrer en fonction, les membres du conseil d'Etat prêtent, en assemblée générale, le serment voulu par la loi. (Ord. du 18 sept. 1839, art. 1, 2, 13 et 14.)

Les membres du conseil d'État sont en *service ordinaire* ou en *service extraordinaire*.

Le *service ordinaire* comprend 30 conseillers y compris le vice-président, 30 maîtres de requêtes et 80 auditeurs. Les membres du service ordinaire prennent part aux travaux et aux délibération du conseil d'État dans toutes les matières administratives ou contentieuses; leurs fonctions sont incompatibles avec tout autre emploi administratif ou judiciaire, et elles ne peuvent être enlevées aux conseillers et maîtres des requêtes que par une ordonnance spéciale et individuelle rendue sur le rapport du ministre président du conseil d'État, et sur l'avis du conseil des ministres. (Art. 3, 4, 5, 6, 7.)

Le *service extraordinaire* se compose des personnes appelées par une ordonnance du roi à en faire partie. Avant l'organisation actuelle, les membres du conseil d'État en service extraordinaire, presque tous fonctionnaires publics, étaient susceptibles d'être appelés aux travaux du conseil; et comme ils étaient très-nombreux, ils pouvaient, dans des affaires importantes, devenir maîtres des délibérations et y faire prévaloir leur opinion sur celles des membres du service ordinaire. La mission du conseil d'État, qui consiste surtout à contrôler et à juger l'action des bureaux, se trouvait ainsi compromise; il n'était plus possible que ce conseil conservât l'intégrité des principes et l'esprit de suite dont il doit être le gardien. L'ordonnance nouvelle, tout en conservant au roi la faculté de décerner les titres de conseiller d'Etat et de maître des requêtes en service extraordinaire, a fait en général de ces titres une distinction purement honorifique : elle ne permet de faire participer aux travaux et aux délibérations du Conseil que les membres du service extraordinaire, qui sont sous-secrétaires d'état, membres des conseils administratifs placés auprès des ministres, chefs préposés à une branche de service dans les départements ministériels, le préfet de la Seine et le préfet de police. Par une exception qui ne peut avoir d'inconvénient, *les maîtres des requêtes* en service extraordinaire qui étaient en exercice à l'époque de la promulgation de l'ordonnance du 18 septembre 1839 ont pu continuer à être autorisés à prendre part aux travaux du conseil, quoiqu'ils ne remplissent aucune des fonctions que nous venons d'énumérer. Les membres du conseil d'État en service extraordinaire qui ont le droit de participer aux travaux et aux délibérations du conseil ne peuvent y prendre part qu'autant qu'ils sont autorisés par une ordonnance royale, et le nombre des conseillers ainsi appelés ne peut excéder les deux tiers du nombre des conseillers d'État en service ordinaire. (Ord. art. 8, 9, 10.)

Les conseillers d'État et maîtres des requêtes qui cessent leurs fonctions ou prennent leurs retraites peuvent être nommés conseillers d'État ou maîtres des requêtes *honoraires* (11).

Le corps *des auditeurs* forme un noviciat pour les hautes fonctions de l'administration publique ; nous avons déjà dit que pour en faire partie il fallait avoir 21 ans et être licencié en droit. Ce corps se divise en deux classes, et il faut avoir passé au moins deux ans dans la seconde pour être nommé dans la première, laquelle ne doit pas contenir plus de 40 membres. Au commencement de chaque année, le tableau des auditeurs est arrêté par une ordonnance du roi rendue sur le rapport du garde des sceaux ; ceux qui ne sont pas compris sur ce tableau cessent de faire partie du conseil d'État. Néanmoins les auditeurs qui ont plus de trois ans de service ne peuvent être révoqués que par une ordonnance spéciale; mais, d'un autre côté, on ne peut rester auditeur plus de six ans; après ce temps, ceux qui ne sont pas placés dans le service public cessent d'appartenir au conseil d'État. (Ord. art. 12, 23.)

Les auditeurs assistent aux séances des comités auxquels ils sont attachés; ils ont voix délibérative dans les affaires qu'ils y rapportent. (Ord. art. 22, 23.)

Le conseil se subdivise en comités qui préparent les affaires soumises à l'*assemblée générale* et prononcent définitivement sur les autres. Il y a aujourd'hui pour l'expédition des affaires administratives pures cinq comités qui correspondent à un ou à plusieurs ministères, savoir : 1° *le comité de législation*, correspondant aux départements de la justice et des cultes et des affaires étrangères; 2° *le comité de la guerre et de la marine*; 3° *le comité de l'intérieur et de l'instruction publique*; 4° *le comité du commerce, de l'agriculture et des travaux publics*; 5° *le comité des finances*. Un sixième comité est chargé de l'instruction et des *affaires contentieuses*, sous le nom de *comité du contentieux* (1). (Art. 15-26.)

Matières administratives ordinaires. — Les comités délibèrent, pour en faire le rapport à l'assemblée générale du conseil d'Etat, sur les projets de loi qui leur sont renvoyés par les ministres, ainsi que sur les ordonnances et règlements d'administration publique et les ordonnances qui doivent être rendues dans la même forme, lorsque ces projets de loi, ordonnances et règlements rentrent dans les attributions spéciales

(1) Ce comité avait été réuni *au comité de législation* par l'ordonnance du 24 août 1830, et avait reçu le nom de *comité de législation et de justice administrative*. L'ordonnance de 1839 fait cesser cette confusion, et restitue au comité son même nom.

des départements ministériels auxquels ils correspondent. Ils connaissent des affaires administratives sur lesquelles les ministres jugent à propos de les consulter. Conformément à l'art. 3 du règlement du 20 juin 1817, ils revisent le travail des liquidations pour les pensions liquidées dans les ministères sur les fonds de l'État ou sur les fonds de retenue (art. 16).

Le *comité de législation* a une importance toute particulière; outre les attributions qui résultent de sa correspondance aux départements de la justice, des cultes et des affaires étrangères, il prépare tous les projets de loi d'intérêt général qui lui sont renvoyés par les ministres. Il est chargé de continuer les travaux de la commission instituée par l'ordonnance du 20 août 1824, à l'effet de colliger et classer les lois et règlements encore en vigueur, et de les réunir en recueil. Il fait l'instruction des prises maritimes; il prépare les projets d'ordonnance sur les naturalisations, les changements de noms, les mises en jugements des fonctionnaires publics, les autorisations de plaider demandées par les communes, les appels comme d'abus et les vérifications de bulles. Il dirige l'instruction et prépare le rapport des conflits, quoique le rapport ait lieu à l'assemblée générale en séance publique, et que la délibération soit prise dans la forme contentieuse (art. 17).

La répartition selon les besoins des services des conseillers d'État, maîtres des requêtes et auditeurs dans les différents comités, est faite par le garde des sceaux. Ces comités sont présidés par les ministres aux départements desquels ils correspondent, ou, en leur absence, par des vice-présidents nommés par le garde des sceaux. Les rapports aux comités sur les projets de loi ou ordonnances portant règlement d'administration publique, sur les prises maritimes, les appels comme d'abus et les conflits, sont faits par les conseillers d'Etat et maîtres des requêtes; les autres rapports peuvent être faits par les auditeurs (art. 18, 19, 20).

L'*assemblée générale* du conseil d'Etat est composée des ministres secrétaires d'Etat, des conseillers d'Etat en service ordinaire, des conseillers d'Etat en service extraordinaire, autorisés, suivant les règles ci-dessus, à participer aux travaux et délibérations. Les maîtres des requêtes en service ordinaire et les maîtres des requêtes en service extraordinaire autorisés à participer aux travaux assistent à l'assemblée générale avec voix consultative dans toutes les affaires, et voix délibérative dans les affaires qu'ils y rapportent. Les auditeurs assistent aussi aux assemblées générales; mais ils n'ont que voix consultative, et seulement dans les affaires qu'ils rapportent. L'assemblée ne peut délibérer, si, non compris les ministres, quinze au moins de ses membres ayant voix délibérative ne sont présents. Les délibérations du conseil d'Etat sont prises en assemblée générale et à la majorité des voix. Les projets et avis sont signés par le président, le rapporteur et le secrétaire général; ils sont transcrits sur le procès-verbal des délibérations, qui fait mention des membres présents (*id.*, 21, 22, 23, 24).

Les ordonnances rendues après délibération de l'assemblée générale du conseil peuvent seules contenir la mention que *le conseil d'État a été entendu*. Les ordonnances qui ont été rendues après délibération d'un ou de plusieurs comités indiquent les comités qui ont été entendus (25).

Matières administratives contentieuses. — L'instruction des affaires du contentieux est faite par un comité spécial qui suit la procédure, ordonne tous les actes que la solution de la difficulté exige, et prépare le rapport qui doit être fait à l'assemblée générale. Ce comité, composé de quatre conseillers d'Etat, de six maîtres des requêtes avec voix délibérative, et de douze auditeurs avec voix consultative, est présidé par le conseiller d'Etat vice-président du conseil d'État, et en son absence, par le plus ancien conseiller d'Etat du comité. Des maîtres des requêtes en service ordinaire, désignés tous les six mois par le garde des sceaux, remplissent les fonctions de commissaires du roi dans toutes les affaires contentieuses; ils assistent aux séances du comité. Le rapport des affaires est fait au comité du contentieux, et dans l'assemblée générale, par un maître des requêtes, ou un auditeur désigné à cet effet par le président du comité. Les auditeurs ont voix délibérative au comité, et voix consultative à l'assemblée générale dans les affaires qu'ils y rapportent (*id.*, 26, 27, 28).

L'assemblée générale du conseil d'Etat en matière contentieuse diffère de l'assemblée générale en matière administrative pure; les conseillers d'Etat et maîtres des requêtes en service ordinaire peuvent seuls y siéger; ce qui en exclut les ministres et les membres du conseil d'État en service extraordinaire. Les auditeurs y sont admis, et ils ont voix consultative dans les affaires qu'ils y rapportent. Il faut, pour que le conseil d'État puisse délibérer, en matière contentieuse comme en matière *ordinaire*, qu'il y ait au moins quinze de ses membres ayant voix délibérative présents; il faut, de plus, qu'ils soient en nombre impair; s'ils sont en nombre pair, le plus ancien des maîtres des requêtes présents est appelé avec voix délibérative. Le maître des requêtes rapporteur a voix délibérative. Les membres du conseil qui n'ont point entendu le rapport, les observations des avocats et l'avis du commissaire du roi, ne peuvent prendre part à la délibération. Il en est de même des membres du conseil qui ont participé à la délibération préparatoire de la décision ministérielle contre laquelle le recours est dirigé. Mais les membres du comité du contentieux, bien qu'ils aient participé à l'instruction de l'affaire, siégent dans l'assemblée générale, à l'instar de ce qui a lieu dans les tribunaux ordinaires, où le juge qui a fait l'instruction participe au jugement (*id.*, 27, 29, 30, 33).

Les séances du conseil d'Etat en matière contentieuse sont publiques; après le rapport, les avocats des parties présentent des observations orales, le commissaire du roi donne son avis: la délibération qui vient ensuite n'est pas publique; elle est prise à la majorité des suffrages, signée du président et du rapporteur, et contresignée par le secrétaire général. L'ordonnance qui intervient est lue en séance publique; les expéditions mentionnent les noms des membres du conseil ayant voix délibérative qui ont composé l'assemblée générale lors de la délibération (*id.*, 29, 31, 32).

L'ordonnance se termine par une disposition qui crée une garantie nouvelle pour les justiciables; elle exige que le procès-verbal des séances du conseil d'Etat délibérant sur les affaires contentieuses mentionne l'accomplissement des dispositions des art. 27, 29, 30 et 31, relatives aux rapports, à la composition et à la publicité de l'assemblée générale, aux observations que les parties ont le droit de faire présenter par les avocats, à l'avis du commissaire du roi, à la forme de la délibération. Dans le cas où ces dispositions n'ont point été observées, l'ordonnance peut être l'objet d'une demande en révision, qui est introduite dans les formes de l'art. 33 du règlement du 21 juillet 1806, c'est-à-dire dans le délai de trois mois à partir de la notification de la décision (*id.*, 34).

Une ordonnance du roi du 19 juin 1840 contient pour le conseil d'Etat un *règlement intérieur* que nous nous contentons d'indiquer.

Pag. 377, section des *aliénés.*

Une ordonnance du 18 décembre 1839, prise en exécution de la loi du 30 juin 1838 sur les aliénés, règle l'organisation des établissements publics exclusivement consacrés au service des aliénés, crée une commission de surveillance, détermine le mode de nomination des membres de cette commission et celui des directeurs et médecins, énumère les obligations imposées à ces différents fonctionnaires, dit à quelles conditions il sera établi des quartiers d'aliénés dans les hospices civils, et comment ces quartiers seront administrés. Elle s'occupe également des établissements privés, détermine les conditions auxquelles l'autorisation sera accordée, les cas dans lesquels elle sera retirée, et les obligations auxquelles seront soumis ces établissements et leurs directeurs.

V. circulaire sur l'exécution des art. 20, 21, 22 de la loi des 30 juin 1838, 5 juillet 1839, 28 décembre 1839, 25 juin 1840.

V. circulaire du 5 août 1840 sur le concours des communes à la dépense des aliénés indigents.

Circulaire du 14 août 1840 sur le placement des aliénés non dangereux.

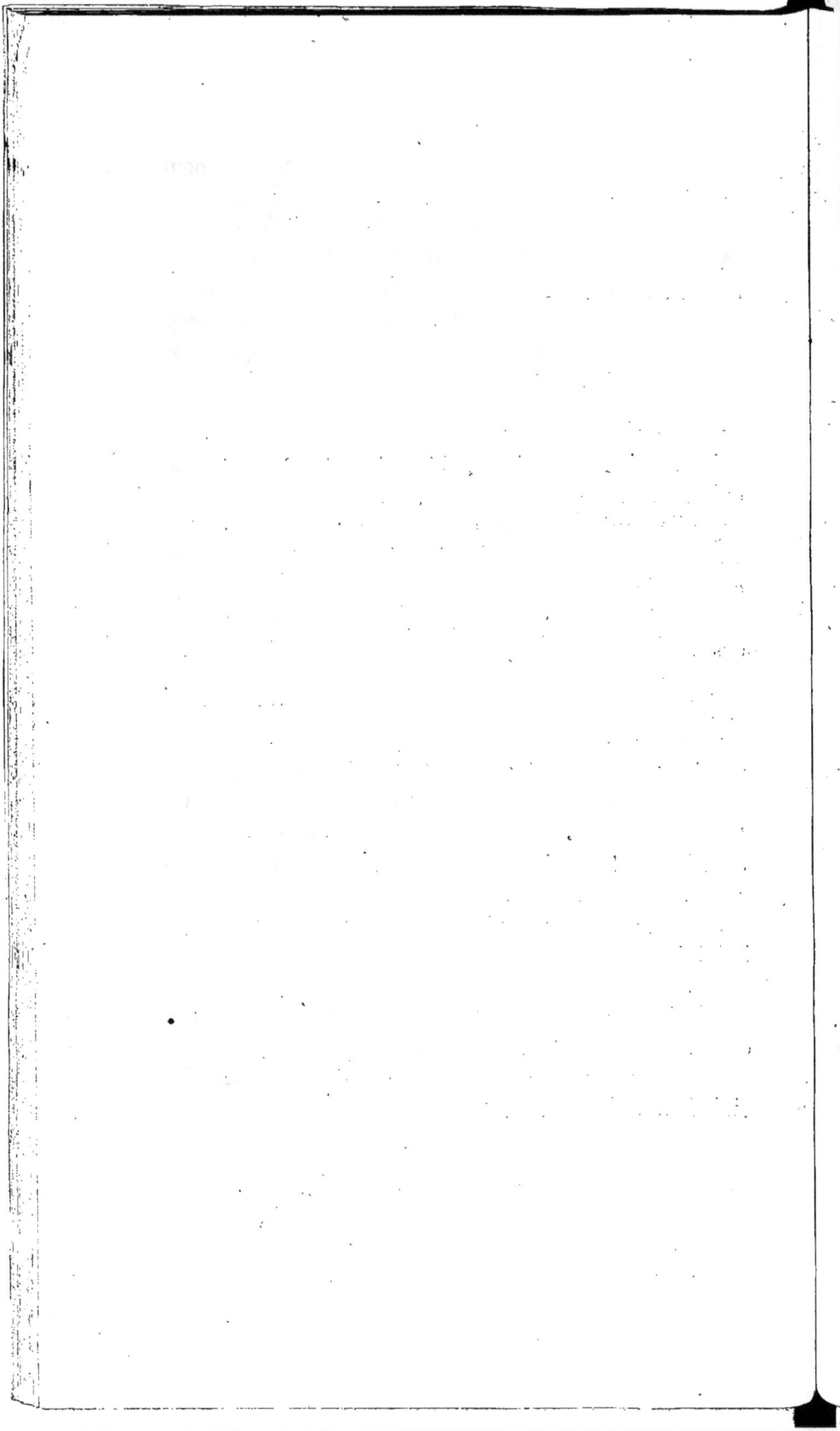

APPENDICE.

18—25 SEPTEMBRE 1839. — ORDONNANCE DU ROI SUR L'ORGANISATION DU CONSEIL D'ETAT.

TITRE Ier. — *De la composition du conseil d'État.*

Art. 1er. Notre conseil d'Etat est composé, indépendamment de nos ministres secrétaires d'Etat, 1° des conseillers d'Etat; 2° des maîtres des requêtes; 3° des auditeurs; 4° d'un secrétaire général ayant titre et rang de maître des requêtes.

Art. 2. Notre garde des sceaux, ministre de la justice, est président du conseil d'Etat. Un conseiller d'Etat est nommé par nous vice-président.

Art. 3. Les membres du conseil d'Etat sont en service ordinaire ou en service extraordinaire.

Art. 4. Le service ordinaire se compose: 1o de trente conseillers d'Etat, y compris le vice-président; 2° de trente maîtres des requêtes; 3° de quatre-vingts auditeurs.

Art. 5. Les membres du service ordinaire prennent part aux travaux et aux délibérations du conseil d'Etat dans toutes les matières administratives ou contentieuses.

Art. 6. Les fonctions de conseiller d'Etat et de maître des requêtes en service ordinaire sont incompatibles avec tout autre emploi administratif ou judiciaire.

Art. 7. Les conseillers d'Etat et les maîtres des requêtes en service ordinaire ne peuvent être révoqués qu'en vertu d'une ordonnance spéciale et individuelle, rendue par nous, sur le rapport du ministre président du conseil d'Etat, et sur l'avis du conseil des ministres.

Art. 8. Le service extraordinaire se compose de ceux qui auront été appelés par nous à en faire partie comme conseillers d'Etat ou maîtres des requêtes. Les membres du conseil d'Etat en service extraordinaire ne pourront prendre part aux travaux et délibérations, qu'autant qu'ils y seront autorisés par ordonnance royale, dans les limites établies par les deux articles suivants.

9. Pourront seuls recevoir cette autorisation : les sous-secrétaires d'Etat, les membres des conseils administratifs placés auprès des ministères, les chefs préposés à la direction d'une branche de service dans les départements ministériels, le préfet de la Seine, le préfet de police. Cette autorisation pourra être néanmoins conservée par nous à ceux des maîtres des requêtes, actuellement en exercice, qui ne rempliraient aucune des fonctions énoncées au paragraphe précédent.

Art. 10. Le nombre des conseillers d'Etat autorisés à participer aux travaux et délibérations ne pourra excéder les deux tiers du nombre des conseillers d'Etat en service ordinaire.

Art. 11. Les conseillers d'Etat et maîtres des requêtes qui cesseraient leurs fonctions ou prendraient leur retraite peuvent être nommés par nous conseillers d'Etat et maîtres des requêtes honoraires.

Art. 12. Les auditeurs au conseil d'Etat sont divisés en deux classes. La première classe ne peut en comprendre plus de quarante. Nul ne peut être nommé auditeur de première classe, s'il n'a été pendant deux ans au moins auditeur de seconde classe. Le tableau des auditeurs est arrêté par nous, sur le rapport de notre garde des sceaux, au commencement de chaque année; ceux qui ne sont pas compris sur le tableau cessent de faire partie du conseil d'Etat. Toutefois les auditeurs ayant plus de trois ans d'exercice ne peuvent être révoqués que par une ordonnance spéciale. Nul ne peut être auditeur pendant plus de six années. Après ce temps, ceux qui ne sont point placés dans le service public cessent d'appartenir au conseil d'Etat. Cette dernière disposition ne sera applicable aux auditeurs actuellement en exercice qu'à partir du 1er janvier 1842.

Art. 13. Avant d'entrer en fonctions, les membres du conseil d'Etat prêtent, en assemblée générale, le serment prescrit par la loi.

Art. 14. Nul ne peut être nommé conseiller d'Etat, s'il n'est âgé de trente ans accomplis; maître des requêtes, s'il n'est âgé de vingt-sept ans; auditeur, s'il n'est âgé de vingt et un ans et licencié en droit.

Titre II.

§ 1er. — *Matières administratives et non contentieuses.*

Art. 15. Pour l'examen des affaires non contentieuses, notre conseil d'Etat est divisé en cinq comités, savoir : 1° le comité de législation; 2° le comité de la guerre et de la marine; 3° le comité de l'intérieur et de l'instruction publique; 4° le comité du commerce, de l'agriculture et des travaux publics; 5° le comité des finances.

Art. 16. Les comités délibèrent, pour en faire le rapport à l'assemblée générale du conseil d'Etat, sur les projets de loi qui leur sont renvoyés par les ministres, ainsi que sur les ordonnances et règlements d'administration publique et les ordonnances qui doivent être rendues dans la même forme, lorsque ces projets de loi, ordonnances et règlements rentrent dans les attributions spéciales des départements ministériels auxquels ils correspondent. Ils connaissent des affaires administratives sur lesquelles les ministres jugent à propos de les consulter. Conformément à l'art. 3 du règlement du 20 juin 1817, ils revisent le travail des liquidations pour les pensions liquidées dans les ministères sur les fonds de l'Etat ou sur les fonds de retenue,

Art. 17. Le comité de législation correspond aux départements de la justice et des cultes et des affaires étrangères. Outre les attributions qui lui sont conférées à ce titre, il prépare tous les projets de lois d'intérêt général qui lui sont renvoyés par nos ministres. Il est chargé de continuer les travaux de la commission instituée par l'ordonnance du 20 août 1824, à l'effet de colliger et classer les lois et règlements encore en vigueur, et de les réunir en recueil. Il fait l'instruction des prises maritimes ; il prépare les projets d'ordonnance sur les naturalisations, les changements de noms, les mises en jugement des fonctionnaires publics, les autorisations de plaider demandées par les communes, les appels comme d'abus et les vérifications de bulles. Il dirige l'instruction, et prépare le rapport des conflits : ce rapport continuera à être fait à l'assemblée générale du conseil d'Etat en séance publique, et la délibération continuera à être prise conformément aux art. 29 et suivants.

Art. 18. Notre garde des sceaux arrête la répartition des conseillers d'Etat, maîtres des requêtes et auditeurs, dans chaque comité, selon les besoins du service.

Art. 19. Les rapports aux comités sur les projets de loi ou d'ordonnance portant règlement d'administration publique, sur les prises maritimes, les appels comme d'abus et les conflits, seront faits par les conseillers d'Etat et maîtres des requêtes. Les autres rapports pourront être faits par les auditeurs.

Art. 20. Nos ministres secrétaires d'Etat président les comités attachés à leur ministère. Un conseiller d'Etat est en outre nommé vice-président par notre garde des sceaux, et il est chargé, sous les ordres de chaque ministre, de diriger en son absence les délibérations du comité, d'en convoquer les membres et de distribuer le travail.

Art. 21. Les délibérations du conseil d'Etat sont prises en assemblée générale et à la majorité des voix. L'assemblée générale est composée des ministres secrétaires d'Etat, des conseillers d'Etat en service ordinaire, et des conseillers d'Etat en service extraordinaire, autorisés à participer aux travaux et délibérations. Elle est présidée, en l'absence du garde des sceaux, par l'un des ministres présents à la séance. En cas de partage, la voix du président est prépondérante.

Art. 22. Les maîtres des requêtes en service ordinaire et les maîtres des requêtes en service extraordinaire autorisés à participer aux travaux assistent à l'assemblée générale. Ils ont voix consultative dans toutes les affaires, et voix délibérative dans celles dont ils sont rapporteurs.

Art. 23. Les auditeurs assistent aux séances des comités auxquels ils sont attachés ; ils ont voix délibérative dans les affaires qu'ils y rapportent. Ils assistent également aux assemblées générales du conseil d'Etat ; ils ont voix consultative dans les affaires qu'ils y rapportent.

Art. 24. Le conseil d'Etat ne peut délibérer si, non compris les ministres, quinze au moins de ses membres ayant voix délibérative ne sont présents. Les projets et avis sont signés par le président, le rapporteur et le secrétaire général. Ils sont transcrits sur le procès-verbal des délibérations, lequel fera mention des membres présents.

Art. 25. Les ordonnances rendues après délibération de l'assemblée générale du conseil mentionnent que le conseil d'Etat a été entendu. Cette mention n'est insérée dans aucune autre ordonnance. Les ordonnances rendues après les délibérations d'un ou plusieurs des comités indiquent les comités qui ont été entendus.

§ 2. — *Matières administratives contentieuses.*

Art. 26. Indépendamment des comités administratifs énoncés en l'art. 15, un comité spécial est chargé de diriger l'instruction écrite et de préparer le rapport de toutes les affaires contentieuses. Ce comité est présidé par le conseiller d'Etat vice-président du conseil d'Etat, et, en son absence, par le plus ancien conseiller d'Etat membre du comité. Il est composé de quatre conseillers d'Etat, de six maîtres des requêtes avec voix délibérative, et de douze auditeurs avec voix consultative.

Art. 27. Le rapport des affaires est fait au comité du contentieux et au conseil d'Etat par celui des maîtres des requêtes ou des auditeurs qui a été désigné à cet effet par le président du comité. Les auditeurs ont voix délibérative au comité, et voix consultative à l'assemblée générale dans les affaires qu'ils y rapportent.

Art. 28. Trois maîtres des requêtes en service ordinaire sont désignés tous les six mois par notre garde des sceaux pour remplir les fonctions de commissaires du roi dans toutes les affaires contentieuses. Ils assistent aux séances du comité du contentieux.

Art. 29. Les affaires contentieuses sont rapportées au conseil d'Etat en assemblée générale et en séance publique; les conseillers d'Etat et maîtres des requêtes en service ordinaire siégent seuls à ces assemblées générales : les auditeurs y sont admis. Après les rapports, les avocats des parties peuvent présenter des observations orales. Le commissaire du roi donne son avis.

Art. 30. Le maître des requêtes rapporteur a voix délibérative. Le conseil d'Etat ne peut délibérer, s'il n'est en nombre impair, et si au moins quinze de ses membres ayant voix délibérative ne sont présents. Si les membres présents sont en nombre pair, le plus ancien des maîtres des requêtes présents est appelé avec voix délibérative. Les membres du conseil qui n'ont point entendu le rapport, les observations des avocats et l'avis du commissaire du roi, ne peuvent prendre part à la délibération.

Art. 31. La délibération n'est point publique; elle est prise à la majorité des suffrages, signée du président et du rapporteur et contresignée par le secrétaire général.

Art. 32. L'ordonnance qui intervient ensuite est lue en séance publique. Les expéditions de cette ordonnance mentionnent les noms des membres du conseil ayant voix délibérative qui ont composé l'assemblée générale lors de la délibération.

Art. 33. Les membres du conseil ne peuvent participer aux délibérations relatives aux recours dirigés contre une décision d'un ministre, lorsque cette décision a été préparée par une délibération spéciale à laquelle ils ont pris part.

Art. 34. Le procès-verbal des séances du conseil d'Etat délibérant sur les affaires contentieuses mentionne l'accomplissement des dispositions des art. 27, 29, 30 et 31 de la présente ordonnance. Dans les cas où ces dispositions n'auraient pas été observées, l'ordonnance pourra être l'objet d'une demande en révision, laquelle sera introduite dans les formes de l'art. 33 du règlement du 22 juillet 1806.

17-26 JUIN 1840. — LOI SUR LE SEL.

Art. 1er. Nulle exploitation de mines de sel, de sources ou de puits d'eau salée naturellement ou artificiellement, ne peut avoir lieu qu'en vertu d'une concession consentie par ordonnance royale délibérée en conseil d'Etat.

Art. 2. Des lois et règlements généraux sur les mines sont applicables aux exploitations des mines de sel.

Un règlement d'administration publique déterminera, selon la nature de la concession, les conditions auxquelles l'exploitation sera soumise.

Le même règlement déterminera aussi les formes des enquêtes qui devront précéder les concessions de sources ou de puits d'eau salée.

Seront applicables à ces concessions les dispositions des titres V et X de la loi du 21 avril 1810.

Art. 3. Les concessions seront faites de préférence aux propriétaires des établissements légalement existants.

Art. 4. Les concessions ne pourront excéder vingt kilomètres carrés, s'il s'agit d'une mine de sel, et un kilomètre carré pour l'exploitation d'une source ou d'un puits d'eau salée.

Dans l'un et l'autre cas, les actes de concessions règleront les droits du propriétaire de la surface, conformément aux art. 6 et 42 de la loi du 21 avril 1810.

Aucune redevance proportionnelle ne sera exigée au profit de l'Etat.

Art. 5. Les concessionnaires de mines de sel, de sources ou de puits d'eau salée, seront tenus : 1° de faire, avant toute exploitation ou fabrication, la déclaration prescrite par l'art. 51 de la loi du 24 avril 1806; 2° d'extraire ou de fabriquer au minimum et annuellement une quantité de cinq cent mille kilogrammes de sel, pour être livrés à la consommation intérieure et assujétis à l'impôt.

Toutefois, une ordonnance royale pourra, dans des circonstances particulières, autoriser la fabrication au dessous du minimum. Cette autorisation pourra toujours être retirée.

Des règlements d'administration publique détermineront, dans l'intérêt de l'impôt, les conditions auxquelles l'exploitation et la fabrication seront soumises, ainsi que le mode de surveillance à exercer, de manière à ce que le droit soit perçu sur les quantités de sel réellement fabriquées.

Les dispositions du présent article sont applicables aux exploitations ou fabriques actuellement existantes.

Art. 6. Tout cessionnaire ou fabricant qui voudra cesser d'exploiter ou de fabriquer est tenu d'en faire la déclaration au moins un mois d'avance.

Le droit de consommation sur les sels extraits ou fabriqués qui seraient encore en la possession du concessionnaire ou du fabricant un mois après la cessation de l'exploitation ou de la fabrication, sera exigible immédiatement.

L'exploitation ou la fabrication ne pourront être reprises qu'après un nouvel accomplissement des obligations mentionnées en l'art. 5.

Art. 7. Toute exploitation ou fabrication de sel entreprise avant l'accomplissement des formalités prescrites par l'art. 5 sera frappée d'interdiction par voie administrative: le tout sans préjudice, s'il y a lieu, des peines portées en l'art. 10.

Les arrêtés d'interdiction rendus par les préfets seront exécutoires par provision, nonobstant tout recours de droit.

Art. 8. Tout exploitant ou fabricant de sel dont les produits n'auront pas atteint le minimum déterminé par l'art. 5, sera passible d'une amende égale au droit qui aurait été perçu sur les quantités de sel manquant pour atteindre le minimum.

Art. 9. L'enlèvement et le transport des eaux salées et des matières salifères sont interdits pour toute destination autre que celle d'une fabrique régulièrement autorisée, sauf l'exception portée en l'art 12.

Des règlements d'administration publique détermineront les formalités à observer pour l'enlèvement et la circulation.

Art. 10. Toute contravention aux dispositions des art. 5, 6, 7 et 9, et des ordonnances qui en règleront l'application, sera punie de la confiscation des eaux salées, matières salifères, sels fabriqués, ustensiles de fabrication, moyens de transport, d'une amende de cinq cents francs à cinq mille francs; et, dans tous les cas, du paiement du double droit sur le sel pur, mélangé ou dissous dans l'eau, fabriqué, transporté ou soustrait à la surveillance.

En cas de récidive, le maximum de l'amende sera prononcé. L'amende pourra même être portée jusqu'au double.

Art. 11. Les dispositions des art. 5, 6, 7, 9 et 10, *sauf l'obligation du minimum de fabrication*, sont applicables aux établissements de produits chimiques dans lesquels il se produit en même temps du sel marin.

Dans les fabriques de salpêtre qui n'opèrent pas exclusivement sur les matériaux de démolition, et dans les fabriques de produits chimiques, la quantité de sel marin résultant des préparations sera constatée par les exercices des employés des contributions indirectes.

Art. 12. Des règlements d'administration publique détermineront les conditions auxquelles pourront être autorisés l'enlèvement, le transport et l'emploi en franchise ou avec modération de droits, du sel de toute origine, des eaux salées ou de matières salifères, à destination des exploitations agricoles ou manufacturières, et de la salaison, soit en mer, soit à terre, des poissons de toute sorte.

Art 13. Toute infraction aux conditions sous lesquelles la franchise ou la modération de droits aura été accordée en vertu de l'article précédent sera punie de l'amende prononcée par l'art, 10, et, en outre, du paiement du double droit sur toute quantité de sel pur ou contenu dans les eaux salées et les matières salifères qui aura été détournée en fraude.

La disposition précédente est applicable aux quantités de sel que représenteront, d'après les allocations qui auront été déterminées, les salaisons à l'égard desquelles il aura été contrevenu aux règlements.

Quant aux salaisons qui jouissent du droit d'employer le sel étranger, le double droit à payer pour amende sera calculé à raison de soixante francs pour cent kilogrammes, sans remise.

Les fabriques ou établissements, ainsi que les salaisons en mer ou à terre, jouissant déjà de la franchise, sont également soumis aux dispositions du présent article.

Art. 14. Les contraventions prévues par la présente loi seront poursuivies devant les tribunaux de police correctionnelle, à la requête de l'administration des douanes ou de celle des contributions indirectes.

Art 15. Avant le 1er juillet 1841, une ordonnance royale règlera la remise accordée à titre de déchet, en raison des lieux de production, et après les expériences qui auront constaté la déperdition réelle des sels, sans que, dans aucun cas, cette remise puisse excéder cinq pour cent.

Il n'est rien changé aux autres dispositions des lois et règlements relatifs à l'exploitation des marais salants.

Art 16. Jusqu'au 1er janvier 1851, des ordonnances royales règleront :

1° L'exploitation des petites salines des côtes de la Manche ;

2° Les allocations et franchises sur le sel dit *de troque*, dans les départements du Morbihan et de la Loire-Inférieure.

A cette époque, toutes les ordonnances rendues en vertu du présent article cesseront d'être exécutoires, et toutes les salines seront soumises aux prescriptions de la présente loi.

Art. 17. Les salines, salins et marais salants seront cotisés à la contribution foncière, conformément au décret du 15 octobre 1810, savoir : les bâtiments qui en dépendent, d'après leur valeur locative, et les terrains et emplacements, sur le pied des meilleures terres labourables.

La somme dont les salines, salins et marais salants auront été dégrévés par suite de cette cotisation, sera reportée sur l'ensemble de chacun des départements où ces propriétés sont situées.

Art. 18. Les clauses et conditions du traité consenti entre le ministre des finances et la compagnie des salines et mines de sel de l'Est, pour la résiliation du bail passé le 31 octobre 1825, sont et demeurent approuvées. Ce traité restera annexé à la présente loi.

Le ministre des finances est autorisé à effectuer les paiements ou restitutions qui devront être opérés pour l'exécution dudit traité.

Il sera tenu un compte spécial où les dépenses seront successivement portées, ainsi que les recouvrements qui seront opérés jusqu'au terme de l'exploitation.

Il est ouvert au ministère des finances, sur l'exercice 1841, un crédit de cinq millions, montant présumé de l'excédant de dépense qui pourra résulter de cette liquidation, dont le compte sera présenté aux Chambres.

Art. 19. Les dispositions de la présente loi qui pourraient porter atteinte aux droits de la concession faite au domaine de l'Etat en exécution de la loi du 6 avril 1825, n'auront effet, dans les départements dénommés en ladite loi, qu'après le 1er octobre 1841.

Jusqu'à cette époque, les lois et règlements existants continueront à recevoir leur application dans lesdits départements.

15-28 JUILLET 1840. — ORDONNANCE DU ROI RELATIVE AUX DÉLIBÉRATIONS DES CONSEILS MUNICIPAUX, AYANT POUR OBJET D'AUTORISER LES MAIRES A DONNER MAINLEVÉE DES HYPOTHÈQUES INSCRITES AU PROFIT DES COMMUNES.

Article unique. Seront exécutoires, sur arrêté du préfet en conseil de préfecture, toutes délibérations des conseils municipaux ayant pour objet d'autoriser les maires à donner mainlevée des hypothèques inscrites au profit des communes.

22—24 MARS 1841. — LOI RELATIVE AU TRAVAIL DES ENFANTS EMPLOYÉS DANS LES MANUFACTURES, USINES OU ATELIERS.

Art. 1er. Les enfants ne pourront être employés que sous les conditions déterminées par la présente loi :

1° Dans les manufactures, usines et ateliers à moteur mécanique ou à feu continu, et dans leurs dépendances;

2° Dans toute fabrique occupant plus de vingt ouvriers réunis en atelier.

Art. 2. Les enfants devront, pour être admis, avoir au moins huit ans.

De huit à douze ans, ils ne pourront être employés au travail effectif plus de huit heures sur vingt-quatre, divisées par un repos.

De douze à seize ans, ils ne pourront être employés au travail effectif plus de douze heures sur vingt-quatre, divisées par des repos.

Ce travail ne pourra avoir lieu que de cinq heures du matin à neuf heures du soir.

L'âge des enfants sera constaté par un certificat délivré, sur papier non timbré et sans frais, par l'officier de l'état civil.

Art. 3. Tout travail entre neuf heures du soir et cinq heures du matin est considéré comme travail de nuit.

Tout travail de nuit est interdit pour les enfants au dessous de treize ans.

Si la conséquence du chômage d'un moteur hydraulique ou des réparations urgentes l'exigent, les enfants au dessus de treize ans pourront travailler la nuit, en comptant deux heures pour trois entre neuf heures du soir et cinq heures du matin.

Un travail de nuit des enfants ayant plus de treize ans, pareillement supputé, sera toléré, s'il est reconnu indispensable, dans les établissements à feu continu, dont la marche ne peut pas être suspendue pendant le cours des vingt-quatre heures.

Art. 4. Les enfants au dessous de seize ans ne pourront être employés les dimanches et jours de fêtes reconnus par la loi.

Art. 5. Nul enfant âgé de moins de douze ans ne pourra être admis qu'autant que ses parents ou tuteur justifieront qu'il fréquente actuellement une des écoles publiques ou privées existant dans la localité. Tout enfant admis devra, jusqu'à l'âge de douze ans, suivre une école,

Les enfants âgés de plus de douze ans seront dispensés de suivre une école, lorsqu'un certificat, donné par le maire de leur résidence, attestera qu'ils ont reçu l'instruction primaire élémentaire.

Art. 6. Les maires seront tenus de délivrer au père, à la mère ou au tuteur, un livret sur lequel seront portés l'âge, le nom, les prénoms, le lieu de naissance et le domicile de l'enfant, et le temps pendant lequel il aurait suivi l'enseignement primaire.

Les chefs d'établissement inscriront :

1° Sur le livret de chaque enfant, la date de son entrée dans l'établissement et de sa sortie ;

2° Sur un registre spécial, toutes les indications mentionnées au présent article.

Art. 7. Des règlements d'administration publique pourront :

1° Etendre à des manufactures, usines ou ateliers autres que ceux qui sont mentionnés dans l'art. 1er, l'application des dispositions de la présente loi ;

2° Elever le minimum de l'âge et réduire la durée du travail déterminée dans les articles deuxième et troisième à l'égard des genres d'industrie où le labeur des enfants excèderait leurs forces et compromettrait leur santé ;

3° Déterminer les fabriques où, pour cause de danger ou d'insalubrité, les enfants au dessous de seize ans ne pourront point être employés ;

4° Interdire aux enfants, dans les ateliers où ils sont admis, certains genres de travaux dangereux ou nuisibles ;

5° Statuer sur les travaux indispensables à tolérer de la part des enfants, les dimanches et fêtes, dans les usines à feu continu ;

6° Statuer sur les cas de travail de nuit prévus par l'article troisième.

Art. 8. Des règlements d'administration publique devront :

1° Pourvoir aux mesures nécessaires à l'exécution de la présente loi ;

2° Assurer le maintien des bonnes mœurs et de la décence publique dans les ateliers usines et manufactures ;

3° Assurer l'instruction primaire et l'enseignement religieux des enfants ;

4° Empêcher, à l'égard des enfants, tout mauvais traitement et tout châtiment abusif ;

5° Assurer les conditions de salubrité et de sûreté nécessaires à la vie et à la santé des enfants.

Art. 9. Les chefs des établissements devront faire afficher dans chaque atelier, avec la présente loi et les règlements d'administration publique qui y sont relatifs, les règlements intérieurs qu'ils seront tenus de faire pour en assurer l'exécution.

Art. 10. Le gouvernement établira des inspections pour surveiller et assurer l'exécution de la présente loi. Les inspecteurs pourront, dans chaque établissement, se faire représenter les registres relatifs à l'exécution de la présente loi, les règlements intérieurs, les livrets des enfants et les enfants eux-mêmes : ils pourront se faire accompagner par un médecin commis par le préfet ou le sous-préfet.

Art. 11. En cas de contravention, les inspecteurs dresseront des procès-verbaux qui feront foi jusqu'à preuve contraire.

Art. 12. En cas de contravention à la présente loi ou aux règlements d'administration publique rendus pour son exécution, les propriétaires ou exploitants des établissements seront traduits devant le juge de paix du canton, et punis d'une amende de simple police qui ne pourra excéder quinze francs.

Les contraventions qui résulteront, soit de l'admission d'enfants au dessous de l'âge, soit de l'excès de travail, donneront lieu à autant d'amendes qu'il y aura d'enfants indûment admis ou employés, sans que ces amendes réunies puissent s'élever au dessus de deux cents francs.

S'il y a récidive, les propriétaires ou exploitants des établissements seront traduits devant le tribunal de police correctionnelle, et condamnés à une amende de seize à cent francs. Dans les cas prévus par le paragraphe second du présent article, les amendes réunies ne pourront jamais excéder cinq cents francs.

Il y aura récidive, lorsqu'il aura été rendu contre le contrevenant, dans les douze mois précédents, un premier jugement pour contravention à la présente loi ou aux règlements d'administration publique qu'elle autorise.

Art. 13. La présente loi ne sera obligatoire que six mois après sa promulgation.

3 MAI 1841. — LOI SUR L'EXPROPRIATION POUR CAUSE D'UTILITÉ PUBLIQUE.

TITRE Ier. — *Dispositions préliminaires.*

Art. 1er. L'expropriation pour cause d'utilité publique s'opère par autorité de justice.

Art. 2. Les tribunaux ne peuvent prononcer l'expropriation qu'autant que l'utilité en a été constatée et déclarée dans les formes prescrites par la présente loi.

Ces formes consistent :

1° Dans la loi ou l'ordonnance royale qui autorise l'exécution des travaux pour lesquels l'expropriation est requise ;

2° Dans l'acte du préfet qui désigne les localités ou territoires sur lesquels les travaux doivent avoir lieu, lorsque cette désignation ne résulte pas de la loi ou de l'ordonnance royale ;

3° Dans l'arrêté ultérieur par lequel le préfet détermine les propriétés particulières auxquelles l'expropriation est applicable.

Cette application ne peut être faite à aucune propriété particulière qu'après que les parties intéressées ont été mises en état d'y fournir leurs contredits, selon les règles exprimées au titre II.

Art. 3. Tous grands travaux publics, routes royales, canaux, chemins de fer, canalisation des rivières, bassins et docks, entrepris par l'Etat, les départements, les communes, ou par compagnies particulières, avec ou sans péage, avec ou sans subside du trésor, avec ou sans aliénation du domaine public, ne pourront être exécutés qu'en vertu d'une loi, qui ne sera rendue qu'après une enquête administrative.

Une ordonnance royale suffira pour autoriser l'exécution des routes départementales, celle des canaux et chemins de fer d'embranchement de moins de vingt mille mètres de longueur, des ponts et de tous autres travaux de moindre importance.

Cette ordonnance devra également être précédée d'une enquête.

Ces enquêtes auront lieu dans les formes déterminées par un règlement d'administration publique.

TITRE II. — *Des mesures d'administration relatives à l'expropriation.*

Art. 4. Les ingénieurs ou autres gens de l'art chargés de l'exécution des travaux lèvent, pour la partie qui s'étend sur chaque commune, le plan parcellaire des terrains ou des édifices dont la cession leur paraît nécessaire.

Art. 5. Le plan desdites propriétés particulières, indicatif des noms de chaque propriétaire, tels qu'ils sont inscrits sur la matrice des rôles, reste déposé pendant huit jours à la mairie de la commune où les propriétés sont situées, afin que chacun puisse en prendre connaissance.

Art. 6. Le délai fixé à l'article précédent ne court qu'à dater de l'avertissement, qui est donné collectivement aux parties intéressées, de prendre communication du plan déposé à la mairie.

Cet avertissement est publié à son de trompe ou de caisse dans la commune, et affiché tant à la principale porte de l'église du lieu qu'à celle de la maison commune.

Il est en outre inséré dans l'un des journaux *publiés dans l'arrondissement, ou, s'il n'en existe aucun, dans l'un des journaux du département.*

Art. 7. Le maire certifie ces publications et affiches; il mentionne sur un procès-verbal qu'il ouvre à cet effet, et que les parties qui comparaissent sont requises de signer, les déclarations et réclamations qui lui ont été faites verbalement, et y annexe celles qui lui sont transmises par écrit.

Art. 8. A l'expiration du délai de huitaine prescrit par l'art. 5, une commission se réunit au chef-lieu de la sous-préfecture.

Cette commission, présidée par le sous-préfet de l'arrondissement, sera composée de quatre membres du conseil général du département ou du conseil de l'arrondissement désignés par le préfet, du maire de la commune où les propriétés sont situées, et de l'un des ingénieurs chargés de l'exécution des travaux.

La commission ne peut délibérer valablement qu'autant que cinq de ses membres au moins sont présents.

Dans le cas où le nombre des membres présents serait de six, et où il y aurait partage d'opinions, la voix du président sera prépondérante.

Les propriétaires qu'il s'agit d'exproprier ne peuvent être appelés à faire partie de la commission.

Art. 9. La commission reçoit, *pendant huit jours*, les observations des propriétaires.

Elle les appelle toutes les fois qu'elle le juge convenable. Elle donne son avis.

Ses opérations doivent être terminées dans le délai de *dix jours*; après quoi le procès-verbal est adressé immédiatement par le sous-préfet au préfet.

Dans le cas où lesdites opérations n'auraient pas été mises à fin dans le délai ci-dessus, le sous-préfet devra, dans les trois jours, transmettre au préfet son procès-verbal et les documents recueillis.

Art. 10. Si la commission propose quelque changement au tracé indiqué par les ingénieurs, le sous-préfet devra, dans la forme indiquée par l'art. 6, en donner immédiatement avis aux propriétaires que ces changements pourront intéresser. Pendant huitaine à dater de cet avertissement, le procès-verbal et les pièces resteront déposés à la sous-préfecture; les parties intéressées pourront en prendre communication sans déplacement et sans frais, et fournir leurs observations écrites.

Dans les trois jours suivants, le sous-préfet transmettra toutes les pièces à la préfecture.

Art. 11. Sur le vu du procès-verbal et des documents y annexés, le préfet détermine, par un arrêté motivé, les propriétés qui doivent être cédées, et indique l'époque à laquelle il sera nécessaire d'en prendre possession. Toutefois, dans le cas où il résulterait de l'avis de la commission qu'il y aurait lieu de modifier le tracé des travaux ordonnés, le préfet surseoira jusqu'à ce qu'il ait été prononcé par l'administration supérieure.

L'administration supérieure pourra, suivant les circonstances, ou statuer définitivement, ou ordonner qu'il soit procédé de nouveau à tout ou partie de formalités prescrites par les articles précédents.

Art. 12. Les dispositions des art. 8, 9 et 10 ne sont point applicables au cas où l'expropriation serait demandée par une commune et dans un intérêt purement communal, non plus qu'aux travaux d'ouverture ou de redressement des chemins vicinaux.

Dans ce cas, le procès-verbal prescrit par l'article 7 est transmis, avec l'avis du conseil municipal, par le maire au sous-préfet, qui l'adressera au préfet avec ses observations.

Le préfet, en conseil de préfecture, sur le vu de ce procès-verbal, et sauf l'approbation de l'administration supérieure, prononcera comme il est dit en l'article précédent.

TITRE III. — *De l'expropriation et de ses suites quant aux priviléges, hypothèques et autres droits réels.*

Art. 13. Si des biens de mineurs, d'interdits, d'absents, ou autres incapables, sont compris dans les plans déposés en vertu de l'art. 5, ou dans les modifications admises par l'administration supérieure, aux termes de l'article 11 de la présente loi, les tuteurs, ceux qui ont été envoyés en possession provisoire, et tous représentants des incapables, peuvent, après autorisation du tribunal donnée sur simple requête en la chambre du conseil, le ministère public entendu, consentir amiablement à l'aliénation desdits biens.

Le tribunal ordonne les mesures de conservation ou de remploi qu'il juge nécessaires.

Ces dispositions sont applicables aux immeubles dotaux et aux majorats.

Les préfets pourront, dans le même cas, aliéner les biens des départements, s'ils y sont autorisés par délibération du conseil général ; les maires ou administrateurs pourront aliéner les biens des communes ou établissements publics, s'ils y sont autorisés par délibération du conseil municipal ou du conseil d'administration, approuvée par le préfet en conseil de préfecture.

Le ministre des finances peut consentir à l'aliénation des biens de l'Etat, ou de ceux qui font partie de la dotation de la couronne, sur la proposition de l'intendant de la liste civile.

A défaut de conventions amiables, soit avec les propriétaires des terrains ou bâtiments dont la cession est reconnue nécessaire, soit avec ceux qui les représentent, le préfet transmet au procureur du roi dans le ressort duquel les biens sont situés la loi ou l'ordonnance qui autorise l'exécution des travaux, et l'arrêté mentionné en l'art. 11.

Art. 14. Dans les trois jours, et sur la production des pièces constatant que les formalités prescrites par l'art. 2 du titre Ier et par le titre II de la présente loi ont été remplies, le procureur du roi requiert et le tribunal prononce l'expropriation pour cause d'utilité publique des terrains ou bâtiments indiqués dans l'arrêté du préfet.

Si, dans l'année de l'arrêté du préfet, l'administration n'a pas poursuivi l'expropriation, tout propriétaire dont les terrains sont compris audit arrêté peut présenter requête au tribunal. Cette requête sera communiquée par le procureur du roi au préfet, qui devra, dans le plus bref délai, envoyer les pièces, et le tribunal statuera dans les trois jours.

Le même jugement commet un des membres du tribunal pour remplir les fonctions attribuées par le titre IV, chapitre 2, au magistrat directeur du jury chargé de fixer l'indemnité, et désigne un autre membre pour le remplacer au besoin.

En cas d'absence ou d'empêchement de ces deux magistrats, il sera pourvu à leur remplacement par une ordonnance sur requête du président du tribunal civil.

Dans le cas où les propriétaires à exproprier consentiraient à la cession, mais où il n'y aurait point accord sur le prix, le tribunal donnera acte du consentement, et désignera le magistrat directeur du jury, sans qu'il soit besoin de rendre le jugement d'expropriation, ni de s'assurer que les formalités prescrites par le titre II ont été remplies.

Art. 15. Le jugement est publié et affiché, par extrait, dans la commune de la situation des biens, de la manière indiquée en l'art. 6. Il est en outre inséré dans l'un des journaux publiés dans l'arrondissement, ou, s'il n'en existe aucun, dans l'un de ceux du département.

Cet extrait, contenant les noms des propriétaires, les motifs et le dispositif du jugement, leur est notifié au domicile qu'ils auront élu dans l'arrondissement de la situation des biens, par une déclaration faite à la mairie de la commune où les biens sont situés ; et, dans le cas où cette élection de domicile n'aurait pas eu lieu, la notification de l'extrait sera faite en double copie au maire et au fermier, locataire, gardien ou régisseur de la propriété.

Toutes les autres notifications prescrites par la présente loi seront faites dans la forme ci-dessus indiquée.

Art. 16. Le jugement sera, immédiatement après l'accomplissement des formalités prescrites par l'art. 15 de la présente loi, transcrit au bureau de la conservation des hypothèques de l'arrondissement, conformément à l'art. 2181 du Code civil.

Art. 17. Dans la quinzaine de la transcription, les priviléges et les hypothèques conventionnelles, judiciaires ou légales, seront inscrits.

A défaut d'inscription dans ce délai, l'immeuble exproprié sera affranchi de tous priviléges et hypothèques, de quelque nature qu'ils soient, sans préjudice des droits des femmes, mineurs et interdits, sur le montant de l'indemnité, tant qu'elle n'a pas été payée ou que l'ordre n'a pas été réglé définitivement entre les créanciers.

Les créanciers inscrits n'auront, dans aucun cas, la faculté de surenchérir, mais ils pourront exiger que l'indemnité soit fixée conformément au titre IV.

Art. 18. Les actions en résolution, en revendication, et toutes autres actions réelles, ne pourront arrêter l'expropriation ni en empêcher l'effet. Le droit des réclamants sera transporté sur le prix, et l'immeuble en demeurera affranchi.

Art. 19. Les règles posées dans le premier paragraphe de l'art. 15 et dans les articles 16, 17 et 18, sont applicables dans le cas de conventions amiables passées entre l'administration et les propriétaires.

Cependant l'administration peut, sauf les droits des tiers, et sans accomplir les formalités ci-dessus tracées, payer le prix des acquisitions dont la valeur ne s'élèverait pas au dessus de cinq cents francs.

Le défaut d'accomplissement des formalités de la purge des hypothèques n'empêche pas l'expropriation d'avoir son cours; sauf, pour les parties intéressées, à faire valoir leurs droits ultérieurement, dans les formes déterminées par le titre IV de la présente loi.

Art. 20. Le jugement ne pourra être attaqué que par la voie du recours en cassation, et seulement pour incompétence, excès de pouvoir ou vices de forme du jugement.

Le pourvoi aura lieu, au plus tard, dans les trois jours, à dater de la notification du jugement, par déclaration au greffe du tribunal. Il sera notifié dans la huitaine, soit à la partie, au domicile indiqué par l'art. 15, soit au préfet ou *au maire*, suivant la nature des travaux; *le tout à peine de déchéance.*

Dans la quinzaine de la notification du pourvoi, les pièces seront adressées à la chambre civile de la Cour de cassation, qui statuera dans le mois suivant.

L'arrêt, s'il est rendu par défaut à l'expiration de ce délai, ne sera pas susceptible d'opposition.

TITRE IV. — *Du règlement des indemnités.*

CHAPITRE Ier. — *Mesures préparatoires.*

Art. 21. Dans la huitaine qui suit la notification prescrite par l'art. 15, le propriétaire est tenu d'appeler et de faire connaître à l'administration les fermiers, locataires, ceux qui ont des droits d'usufruit, d'habitation ou d'usage, tels qu'ils sont réglés par le Code civil, et ceux qui peuvent réclamer des servitudes résultant des titres mêmes de propriété ou d'autres actes dans lesquels il serait intervenu; sinon, il restera seul chargé envers eux des indemnités que ces derniers pourront réclamer.

Les autres intéressés seront en demeure de faire valoir leurs droits par l'avertissement énoncé en l'art. 6, et tenus de se faire connaître à l'administration dans le même délai de huitaine, à défaut de quoi ils seront déchus de tous droits à l'indemnité.

Art. 22. Les dispositions de la présente loi relatives aux propriétaires et à leurs créanciers sont applicables à l'usufruitier et à ses créanciers.

Art. 23. L'administration notifie aux propriétaires et à tous autres intéressés qui auront été désignés ou qui seront intervenus dans le délai fixé par l'art. 21, les sommes qu'elle offre pour indemnités.

Ces offres sont, en outre, affichées et publiées conformément à l'art. 6 de la présente loi.

Art. 24. Dans la quinzaine suivante, les propriétaires et autres intéressés sont tenus de déclarer leur acceptation, ou, s'ils n'acceptent pas les offres qui leur sont faites, d'indiquer le montant de leurs prétentions.

Art. 25. Les femmes mariées sous le régime dotal, assistées de leurs maris, les tuteurs, ceux qui ont été envoyés en possession provisoire des biens d'un absent, et autres personnes qui représentent les incapables, peuvent valablement accepter les offres énoncées en l'art. 23, s'ils y sont autorisés dans les formes prescrites par l'art. 13.

Art. 26. Le ministre des finances, les préfets, maires ou administrateurs, peuvent accepter les offres d'indemnité pour expropriation des biens appartenant à l'Etat, à la couronne, aux départements, communes ou établissements publics, dans les formes et avec les autorisations prescrites par l'art. 13.

Art. 27. Le délai de quinzaine fixé par l'art. 24 sera d'un mois dans les cas prévus par les art. 25 et 26.

Art. 28. Si les offres de l'administration ne sont pas acceptées dans les délais prescrits par les art. 24 et 27, l'administration citera devant le jury, qui sera convoqué à cet effet, les propriétaires et tous autres intéressés qui auront été désignés ou qui seront intervenus, pour qu'il soit procédé au règlement des indemnités de la manière indiquée au chapitre suivant. La citation contiendra l'énonciation des offres qui auront été refusées.

CHAPITRE II. — *Du jury spécial chargé de régler les indemnités.*

Art. 29. Dans sa session annuelle, le conseil général du département désigne pour chaque arrondissement de sous-préfecture, tant sur la liste des électeurs que sur la seconde partie de la liste du jury, trente-six personnes au moins, et soixante et douze au plus, qui ont leur domicile réel dans l'arrondissement, parmi lesquelles sont choisis, jusqu'à la session suivante ordinaire du conseil général, les membres du jury spécial appelé, le cas échéant, à régler les indemnités dues par suite d'expropriation pour cause d'utilité publique.

Le nombre des jurés désignés pour le département de la Seine sera de six cents.

Art. 30. Toutes les fois qu'il y a lieu de recourir à un jury spécial, la première chambre de la cour royale, dans les départements qui sont le siége d'une cour royale, et, dans les autres départements, la première chambre du tribunal du chef-lieu judiciaire, choisit en la chambre du conseil, sur la liste dressée en vertu de l'article précédent pour l'arrondissement dans lequel ont lieu les expropriations, seize personnes qui formeront le jury spécial chargé de fixer définitivement le montant de l'indemnité, et, en outre, quatre jurés supplémentaires pendant les vacances: ce choix est déféré à la chambre de la cour ou du tribunal chargée du service des vacations. En cas d'abstention ou de récusation des membres du tribunal, le choix du jury est déféré à la Cour royale.

Ne peuvent être choisis :

1° Les propriétaires, fermiers, locataires des terrains et bâtiments désignés en l'arrêté du préfet pris en vertu de l'art. 11, et qui restent à acquérir ;

2° Les créanciers ayant inscription sur lesdits immeubles;

3° Tous autres intéressés désignés ou intervenant en vertu des art. 21 et 22.

Les septuagénaires seront dispensés, s'ils le requièrent, des fonctions de juré.

Art. 31. La liste des seize jurés et des quatre jurés supplémentaires est transmise par le préfet au sous-préfet, qui, après s'être concerté avec le magistrat directeur du jury, convoque les jurés et les parties, en leur indiquant, au moins huit jours à l'avance, le lieu et le jour de la réunion. La notification aux parties leur fait connaître les noms des jurés.

Art. 32. Tout juré qui, sans motifs légitimes, manque à l'une des séances ou refuse de prendre part à la délibération, encourt une amende de cent francs au moins et de trois cents francs au plus.

L'amende est prononcée par le magistrat directeur du jury.

Il statue en dernier ressort sur l'opposition qui serait formée par le juré condamné.

Il prononce également sur les causes d'empêchement que les jurés proposent, ainsi que sur les exclusions ou incompatibilités dont les causes ne seraient survenues ou n'auraient été connues que postérieurement à la désignation faite en vertu de l'art. 30.

Art. 33. Ceux des jurés qui se trouvent rayés de la liste par suite des empêchements, exclusions ou incompatibilités prévus à l'article précédent, sont immédiatement remplacés par les jurés supplémentaires, que le magistrat directeur du jury appelle dans l'ordre de leur inscription.

En cas d'insuffisance, le magistrat directeur du jury choisit, sur la liste dressée en vertu de l'art. 29, les personnes nécessaires pour compléter le nombre des seize jurés.

Art. 34. Le magistrat directeur du jury est assisté, auprès du jury spécial, du greffier ou commis-greffier du tribunal, qui appelle successivement les causes sur lesquelles le jury doit statuer et tient procès-verbal des opérations.

Lors de l'appel, l'administration a le droit d'exercer deux récusations péremptoires; la partie adverse a le même droit.

Dans le cas où plusieurs intéressés figurent dans la même affaire, ils s'entendent pour l'exercice du droit de récusation, sinon le sort désigne ceux qui doivent en user.

Si le droit de récusation n'est point exercé, ou s'il ne l'est que partiellement, le magistrat directeur du jury procède à la réduction des jurés au nombre de douze, en retranchant les derniers noms inscrits sur la liste.

Art. 35. Le jury spécial n'est constitué que lorsque les douze jurés sont présents.

Les jurés ne peuvent délibérer valablement qu'au nombre de neuf au moins.

Art. 36. Lorsque le jury est constitué, chaque juré prête serment de remplir ses fonctions avec impartialité.

Art. 37. Le magistrat directeur met sous les yeux du jury :

1° Le tableau des offres et demandes notifiées en exécution des articles 23 et 24;

2° Les plans parcellaires et les titres ou autres documents produits par les parties à l'appui de leurs offres et demandes.

Les parties ou leurs fondés de pouvoir peuvent présenter sommairement leurs observations.

Le jury pourra entendre toutes les personnes qu'il croira pouvoir l'éclairer.

Il pourra également se transporter sur les lieux, ou déléguer à cet effet un ou plusieurs de ses membres.

La discussion est publique; elle peut être continuée à une autre séance.

Art. 38. La clôture de l'instruction est prononcée par le magistrat directeur du jury.

Les jurés se retirent immédiatement dans leur chambre pour délibérer, sans désemparer, sous la présidence de l'un d'eux, qu'ils désignent à l'instant même.

La décision du jury fixe le montant de l'indemnité; elle est prise à la majorité des voix.

En cas de partage, la voix du président du jury est prépondérante.

Art. 39. Le jury prononce des indemnités distinctes en faveur des parties qui les réclament à des titres différents, comme propriétaires, fermiers, locataires, usagers et autres intéressés dont il est parlé à l'art. 21.

Dans le cas d'usufruit, une seule indemnité est fixée par le jury, eu égard à la valeur totale de l'immeuble; le nu propriétaire et l'usufruitier exercent leurs droits sur le montant de l'indemnité, au lieu de l'exercer sur la chose.

L'usufruitier sera tenu de donner caution; les père et mère ayant l'usufruit légal des biens de leurs enfants en seront seuls dispensés.

Lorsqu'il y a litige sur le fond du droit ou sur la qualité des réclamants, et toutes les fois qu'il s'élève des difficultés étrangères à la fixation du montant de l'indemnité, le jury règle l'indemnité indépendamment de ces litiges et difficultés, sur lesquels les parties sont renvoyées à se pourvoir devant qui de droit.

L'indemnité allouée par le jury ne peut, en aucun cas, être inférieure aux offres de l'administration, ni supérieure à la demande de la partie intéressée.

Art. 40. Si l'indemnité réglée par le jury ne dépasse pas l'offre de l'administration, les parties qui l'auront refusée seront condamnées aux dépens.

Si l'indemnité est égale à la demande des parties, l'administration sera condamnée aux dépens.

Si l'indemnité est à la fois supérieure à l'offre de l'administration, et inférieure à la demande des parties, les dépens seront compensés de manière à être supportés par les parties et l'administration, dans les proportions de leur offre ou de leur demande avec la décision du jury.

Tout indemnitaire qui ne se trouvera pas dans le cas des art. 25 et 26 sera condamné aux dépens, quelle que soit l'estimation ultérieure du jury, s'il a omis de se conformer aux dispositions de l'art. 24.

Art. 41. La décision du jury, signée des membres qui y ont concouru, est remise par le président au magistrat directeur, qui la déclare exécutoire, statue sur les dépens, et envoie l'administration en possession de la propriété, à la charge par elle de se conformer aux dispositions des art. 53, 54 et suivants.

Ce magistrat taxe les dépens, dont le tarif est déterminé par un règlement d'administration publique.

La taxe ne comprendra que les actes faits postérieurement à l'offre de l'administration; les frais des actes antérieurs demeurent, dans tous les cas, à la charge de l'administration.

Art. 42. La décision du jury et l'ordonnance du magistrat directeur ne peuvent être attaquées que par la voie du recours en cassation, et seulement pour violation du premier paragraphe de l'art. 30, de l'art. 31, des deuxième et quatrième paragraphes de l'art. 34, et des art. 35, 36, 37, 38, 39 et 40.

Le délai sera de quinze jours pour ce recours, qui sera d'ailleurs formé, notifié et jugé comme il est dit en l'art. 20; il courra à partir du jour de la décision.

Art. 43. Lorsqu'une décision du jury aura été cassée, l'affaire sera renvoyée devant un nouveau jury, choisi dans le même arrondissement.

Néanmoins la Cour de cassation pourra, suivant les circonstances, renvoyer l'appréciation de l'indemnité à un jury choisi dans un des arrondissements voisins, quand même il appartiendrait à un autre département.

Il sera procédé, à cet effet, conformément à l'art. 30.

Art. 44. Le jury ne connaît que des affaires dont il a été saisi au moment de sa convocation, et statue successivement et sans interruption sur chacune de ces affaires. Il ne peut se séparer qu'après avoir réglé toutes les indemnités dont la fixation lui a été ainsi déférée.

Art. 45. Les opérations commencées par un jury, et qui ne sont pas encore terminées au moment du renouvellement annuel de la liste générale mentionnée en l'art. 29, sont continuées, jusqu'à conclusion définitive, par le même jury.

Art. 46. Après la clôture des opérations du jury, les minutes de ses décisions et les autres pièces qui se rattachent auxdites opérations sont déposées au greffe du tribunal civil de l'arrondissement.

Art. 47. Les noms des jurés qui auront fait le service d'une session ne pourront être portés sur le tableau dressé par le conseil général pour l'année suivante.

CHAPITRE III. — *Des règles à suivre pour la fixation des indemnités.*

Art. 48. Le jury est juge de la sincérité des titres et de l'effet des actes qui seraient de nature à modifier l'évaluation de l'indemnité.

Art. 49. Dans le cas où l'administration contesterait au détenteur exproprié le droit à une indemnité, le jury, sans s'arrêter à la contestation, dont il renvoie le jugement devant qui de droit, fixe l'indemnité comme si elle était due, et le magistrat directeur du jury en ordonne la consignation, pour, ladite indemnité, rester déposée jusqu'à ce que les parties se soient entendues ou que le litige soit vidé.

Art. 50. Les bâtiments dont il est nécessaire d'acquérir une portion pour cause d'utilité publique seront achetés en entier, si les propriétaires le requièrent par une déclaration formelle adressée au magistrat directeur du jury, dans les délais énoncés aux articles 24 et 27.

Il en sera de même de toute parcelle de terrain qui, par suite du morcellement, se trouvera réduite au quart de la contenance totale, si toutefois le propriétaire ne possède aucun terrain immédiatement contigu, et si la parcelle ainsi réduite est inférieure à dix ares.

Art. 51. Si l'exécution des travaux doit procurer une augmentation de valeur immédiate et spéciale au restant de la propriété, cette augmentation sera prise en considération dans l'évaluation du montant de l'indemnité.

Art. 52. Les constructions, plantations et améliorations ne donneront lieu à aucune indemnité, lorsque, à raison de l'époque où elles auront été faites ou de toutes autres circonstances dont l'appréciation lui est abandonnée, le jury acquiert la conviction qu'elles ont été faites dans la vue d'obtenir une indemnité plus élevée.

TITRE V. — *Du paiement des indemnités.*

Art. 53. Les indemnités réglées par le jury seront, préalablement à la prise de possession, acquittées entre les mains des ayants droit.

S'ils se refusent à les recevoir, la prise de possession aura lieu après offres réelles et consignation.

S'il s'agit de travaux exécutés par l'Etat ou les départements, les offres réelles pourront s'effectuer au moyen d'un mandat égal au montant de l'indemnité réglée par le jury : ce mandat, délivré par l'ordonnateur compétent, visé par le payeur, sera payable sur la caisse publique qui s'y trouvera désignée.

Si les ayants droit refusent de recevoir le mandat, la prise de possession aura lieu après consignation en espèces.

Art. 54. Il ne sera pas fait d'offres réelles toutes les fois qu'il existera des inscriptions sur l'immeuble exproprié ou d'autres obstacles au versement des deniers entre les mains des ayants droit ; dans ce cas, il suffira que les sommes dues par l'administration soient consignées, pour être ultérieurement distribuées ou remises, selon les règles du droit commun.

Art. 55. Si, dans les six mois du jugement d'expropriation, l'administration ne poursuit pas la fixation de l'indemnité, les parties pourront exiger qu'il soit procédé à ladite fixation.

Quand l'indemnité aura été réglée, si elle n'est ni acquittée ni consignée dans les six mois de la décision du jury, les intérêts courront de plein droit à l'expiration de ce délai.

TITRE VI. —*Dispositions diverses.*

Art. 56. Les contrats de vente, quittances et autres actes relatifs à l'acquisition des terrains, peuvent être passés dans la forme des actes administratifs; la minute restera déposée au secrétariat de la préfecture : expédition en sera transmise à l'administration des domaines.

Art. 57. Les significations et notifications mentionnées en la présente loi sont faites à la diligence du préfet du département de la situation des biens.

Elles peuvent être faites tant par huissier que par tout agent de l'administration, dont les procès-verbaux font foi en justice.

Art. 58. Les plans, procès-verbaux, certificats, significations, jugements, contrats, quittances et autres actes faits en vertu de la présente loi, seront visés pour timbre et enregistrés gratis, lorsqu'il y aura lieu à la formalité de l'enregistrement.

Il ne sera perçu aucuns droits pour la transcription des actes au bureau des hypothèques.

Les droits perçus sur les acquisitions amiables faites antérieurement aux arrêtés de préfet seront restitués, lorsque, dans le délai de deux ans à partir de la perception, il sera justifié que les immeubles acquis sont compris dans ces arrêtés. La restitution des droits ne pourra s'appliquer qu'à la portion des immeubles qui aura été reconnue nécessaire à l'exécution des travaux.

Art. 59. Lorsqu'un propriétaire aura accepté les offres de l'administration, le montant de l'indemnité devra, s'il l'exige et s'il n'y a pas eu contestation de la part des tiers dans les délais prescrits par les art. 24 et 27, être versé à la caisse des dépôts et consignations, pour être remis ou distribué à qui de droit, selon les règles du droit commun.

Art. 60. Si les terrains acquis pour des travaux d'utilité publique ne reçoivent pas cette destination, les anciens propriétaires ou leurs ayants droit peuvent en demander la remise.

Le prix des terrains rétrocédés est fixé à l'amiable, et, s'il n'y a pas accord, par le jury, dans les formes ci-dessus prescrites. La fixation par le jury ne peut, en aucun cas, excéder la somme moyennant laquelle les terrains ont été acquis.

Art. 61. Un avis, publié de la manière indiquée en l'art. 6, fait connaître les terrains que l'administration est dans le cas de revendre. Dans les trois mois de cette publication, les anciens propriétaires qui veulent réacquérir la propriété desdits terrains sont tenus de le déclarer; et, dans le mois de la fixation du prix, soit amiable, soit judiciaire, ils doivent passer le contrat de rachat, et payer le prix; le tout à peine de déchéance du privilége que leur accorde l'article précédent.

Art. 62. Les dispositions des art. 60 et 61 ne sont pas applicables aux terrains qui auront été acquis sur la réquisition du propriétaire, en vertu de l'art. 50, et qui resteraient disponibles après l'exécution des travaux.

Art. 63. Les concessionnaires des travaux publics exerceront tous les droits conférés à l'administration, et seront soumis à toutes les obligations qui lui sont imposées par la présente loi.

Art. 64. Les contributions de la portion d'immeuble qu'un propriétaire aura cédé, ou dont il aura été exproprié pour cause d'utilité publique, continueront à lui être comptées pendant un an, à partir de la remise de la propriété, pour former son cens électoral.

TITRE VII. — *Dispositions exceptionnelles.*

CHAPITRE Ier.

Art. 65. Lorsqu'il y aura urgence de prendre possession des terrains non bâtis qui seront soumis à l'expropriation, l'urgence sera spécialement déclarée par une ordonnance royale.

Art. 66. En ce cas, après le jugement d'expropriation, l'ordonnance qui déclare l'urgence et le jugement seront notifiés, conformément à l'article 15, aux propriétaires et aux détenteurs, avec assignation devant le tribunal civil. L'assignation sera donnée à trois jours au moins; elle énoncera la somme offerte par l'administration.

Art. 67. Au jour fixé, le propriétaire et les détenteurs seront tenus de déclarer la somme dont ils demandent la consignation avant l'envoi en possession.

Faute par eux de comparaître, il sera procédé en leur absence.

Art. 68. Le tribunal fixe le montant de la somme à consigner.

Le tribunal peut se transporter sur les lieux, ou commettre un juge pour visiter les terrains, recueillir tous les renseignements propres à en déterminer la valeur, et en dresser, s'il y a lieu, un procès-verbal descriptif. Cette opération devra être terminée dans les cinq jours, à dater du jugement qui l'aura ordonnée.

Dans les trois jours de la remise de ce procès-verbal au greffe, le tribunal déterminera la somme à consigner.

Art. 69. La consignation doit comprendre, outre le principal, la somme nécessaire pour assurer, pendant deux ans, le paiement des intérêts à cinq pour cent.

Art. 70. Sur le vu du procès-verbal de consignation, et sur une nouvelle assignation à deux jours de délai au moins, le président ordonne la prise de possession.

Art. 71. Le jugement du tribunal et l'ordonnance du président sont exécutoires sur minute et ne peuvent être attaqués par opposition ni par appel.

Art. 72. Le président taxera les dépens, qui seront supportés par l'administration.

Art. 73. Après la prise de possession, il sera, à la poursuite de la partie la plus diligente, procédé à la fixation définitive de l'indemnité, en exécution du titre IV de la présente loi.

Art. 74. Si cette fixation est supérieure à la somme qui a été déterminée par le tribunal, le supplément doit être consigné dans la quinzaine de la notification de la décision du jury, et, à défaut, le propriétaire peut s'opposer à la continuation des travaux.

CHAPITRE II.

Art. 75. Les formalités prescrites par les titres I et II de la présente loi ne sont applicables ni aux travaux militaires ni aux travaux de la marine royale.

Pour ces travaux, une ordonnance royale détermine les terrains qui sont soumis à l'expropriation.

Art. 76. L'expropriation ou l'occupation temporaire, en cas d'urgence, des propriétés privées qui seront jugées nécessaires pour des travaux de fortification, continueront d'avoir lieu conformément aux dispositions prescrites par la loi du 30 mars 1831.

Toutefois, lorsque les propriétaires ou autres intéressés n'auront pas accepté les offres de l'administration, le règlement définitif des indemnités aura lieu conformément aux dispositions du titre IV ci-dessus.

Seront également applicables aux expropriations poursuivies en vertu de la loi du 30 mars 1831 les articles 16, 17, 18, 19 et 20, ainsi que le titre IV de la présente loi.

TITRE VIII. — *Dispositions finales.*

Art. 77. Les lois des 8 mars 1810 et 7 juillet 1833 sont abrogées.

POITIERS. — IMP. DE F.-A. SAURIN.

www.ingramcontent.com/pod-product-compliance
Lightning Source LLC
Chambersburg PA
CBHW050618210326
41521CB00008B/1305